SPORTS
PERSPECTIVE
SERIES

スポーツ
マーケティング入門

相原正道／工藤康宏／大野宏之 [著]
前田和範／岩浅　巧

晃洋書房

は じ め に

読み進めればわかるシリーズの発行理由

　高等教育機関における研究教育開発を促進させるため，スポーツ科学におけ
る知の創造および学生の理解度を向上させるため，読みスゝめればわかる教科
書——SPORTS　PERSPECTIVE　SERIES——を創刊した．

　ある経済学者とAO入試の面接官をしていた時に「数学の教科書ってすごい
んやでぇ．読み進めればわかるねん」と言われ，なるほどと感嘆したことに端
を発している．

　なるほど，数学の数式のように整理され，理論的に順序だてて文章が構
成されていれば非常に効率的だ．読み進めればわかる教科書をということで，
SPORTS　PERSPECTIVE　SERIESの編集方針を「読みスゝめればわかる教
科書」とした．読み進めれば理解できるようになる文章は大切だ．そのような
文章を書ける人はごく一部の人に限られる．頭が整理されていて，なおかつ現
代語に精通している人である．

　理論派と称される方にありがちなのは，大学生への教育視点が抜けている点
である．難解な日本語を多用しすぎるきらいがある．そういう教育者に限って，
昔の大学生は学力が高かったと嘆くばかりである．例示が古過ぎて学生が知ら
ないことが多いのはお構いなしである．もう1つ付け加えるならば，学生が知
らないという反応を講義中に感じられない人である．当世風に言えば，空気読
めない人である．大学生はいつだって現代の若者という新鮮な"今"という風
を教室に吹き込んでくれる．この空気感こそが研究・教育者にとってこの上な
く（イノベーション・創造性などにおいて）貴重なものだと考える．難解な理論を
現代の大学生にわかるレベルまで整理して説明できるのも教育者としての力量
が問われてくる部分だと思うのだが．こうした方々には，初心に立ち戻り教育
研究をした方がよろしいとアドバイスしたいものである．

　ただ，学生にも度を過ぎた学生がいるのも事実であることもしかと明記して

i

おきたい（笑）.

この本の構成

本書において，第1章は，私（大阪経済大学 相原正道）がNIKEのスポーツマーケティングについて，NIKEの創業者であるフィル・ナイトの足跡を辿りながら背景を説明し，NIKEのマーケティング戦略について分析している．特に，NIKEという企業は主張するアスリートの存在が重要な価値を持つことを記述されている．また，"NIKEキャンパス"として知られるNIKEの本社をレポートしている．その後，NIKEキャンパスにおける働き方と日本の働き方改革を考察している．

第2・3章において，工藤康宏先生（順天堂大学）がマーケティングそのものを位置付けている．第2章では，マーケティングの誕生と歴史，マーケティングの定義および現代のマーケティングの特徴について説明している．第3章では，スポーツマーケティングについて4つの視点で解説している．スポーツとマーケティング，スポーツ用品産業とマーケティング，スポーツマーケティングの定義およびスポーツ消費者の視点で詳細に述べている．

第4・5・6章は，大野宏之先生（四国大学）が記述している．第4章では，スポーツにおける「プロダクト（商品）」を理解するため，スポーツプロダクトについて解説している．はじめに，プロダクトとプロダクト開発について解説し，プロダクトの多様化について説明している．次に，スポーツプロダクトについて，スポーツにおける「プロダクト」とスポーツプロダクトの種類について記述している．

第5章では，スポーツにおける「モノづくり」を理解する観点から，スポーツにおけるプロダクト開発について解説している．最初に，プロダクト開発の意義とプロセスを説明し，次に，プロダクトの企画として，プロダクトの企画の目的と立案プロセス，プロダクトを取り巻く環境分析を記述し，最後に，プロダクト開発の意思決定として，開発テーマの検討，市場調査，プロダクトコンセプトについて順序よく説明している．

第6章では，事業戦略の要となるマーケティング戦略を理解するため，マーケティング戦略の立案について説明している．その説明のために，事業戦略とは何か，マーケティング戦略とは何かを解説し，価格戦略，流通戦略およびプロモーション戦略について解説している．

　第7・8・9章では，前田和範先生（高知工科大学）が担当している．第7章では，地域におけるスポーツ市場として，「コミュニティ」という考え方とスポーツとコミュニティについて解説している．

　第8章では，地域密着型プロスポーツ組織のマーケティングとして，拡大する地域密着型プロスポーツ組織と地域密着型プロスポーツ組織のスポンサーシップについて説明している．

　第9章では，多様化する地域のニーズに応えるためのスポーツ組織の諸展開として，スポーツツーリズムとスポーツコミッションについて事例を交えて説明している．

　第10章では，岩浅巧先生（順天堂大学）がスポーツ市場の広がりとその可能性について説明している．最初に，スポーツを取り巻く環境変化として，総人口と人口構造の変化を示し，多様化が進む社会におけるスポーツについて説明している．次に，スポーツにおけるICT活用方法として，スポーツを支えるICTとデジタルマーケティングについて記述している．最後に，スポーツを通じた健康づくりについて，健康経営の広がりと健康社会の実現に向けて述べている．いずれも興味深い内容である．

　今回のスポーツマーケティング入門でも取り上げられているように，世界のスポーツ用品企業は熾烈な生存競争に巻き込まれている．

　そのような熾烈な過当競争を極める中，2017年春に発売されたNIKEの厚底シューズ「ズーム ヴェイパーフライ ４％」が世界のランナーを魅了している．

　2018年9月のベルリンマラソンでエリウド・キプチョゲ（Eliud Kipchoge）選手が2時間1分39秒という驚異的な世界新記録を樹立した．10月にはシカゴマラソンで大迫傑選手が日本新記録を打ち立てたことで大きな話題になった．

　2019年3月3日に開催された東京マラソン2019における男子の1位から5位

の全選手が，ヴェイパーフライシリーズの厚底シューズを着用していた．

　2019年1月3日に開催された「第95回箱根駅伝」では，青山学院大学の5連覇が焦点になっていたが，東海大学の初の総合優勝で幕を閉じた．箱根駅伝におけるNIKEの厚底シューズのシェアは23校の230人の選手のうち95人がNIKEのシューズを履いていた．昨年の箱根駅伝でも「ズーム　ヴェイパーフライ　4％」は40人近い選手に履かれていたが，NIKEの箱根駅伝におけるシューズシェア率を前年の4位から1位へ一気に押し上げた．NIKEの厚底シューズは世界の主要レースの表彰台をほぼ独占してきたといってよい．他の競合他社がどのような商品を市場へ導入してくるのか，今後も目が離せない状態である．駅伝やマラソンでトップを競うランナーのように，スポーツマーケティングの世界も熾烈な競争が続いていく．

　2019年6月29日，欧州初開催となったMLB　LONDON　SERIES「Boston RED SOX　vs New York YANKEES」をロンドン・オリンピック・スタジアムで観戦してきた．ロンドン市内で声を交わした人々のベースボールの印象は驚くほど低かった．本当にスタジアムが満員になるか不安の中，ロンドン・オリンピック・スタジアムへ向かったが，スタジアムは思いのほか盛り上がっていた．普段の野球場とは一味違い，ファールゾーンが広くなった形状となっていた．MLB屈指の伝統の対決を用意するMLBのプロデュースも素晴らしい．欧州では人気の低い野球だが，ロンドンで根付くのか興味深い．まだまだ新しいスポーツマーケティング市場が拡大していきそうだ．

　2019年6月29日
　MLB　LONDON　SERIESをロンドン・オリンピック・スタジアムで観戦中に記す

相 原 正 道

◉ スポーツマーケティング入門——目次

はじめに

1 NIKEのスポーツマーケティング ……………………………………1

創業者フィル・ナイトとNIKE／NIKEのマーケティング戦略／NIKEという企業のDNAは主張するアスリートの存在／NIKEキャンパスレポート／日本の働き方改革とNIKEキャンパス

2 マーケティング ……………………………………………11

▼ *1.* マーケティングの誕生と歴史　(11)

2. マーケティングの定義　(13)

3. 現代のマーケティングの特徴　(14)

3 スポーツマーケティング ……………………………………17

▼ *1.* スポーツとマーケティング　(17)

2. スポーツ用品産業とマーケティング　(18)

3. スポーツマーケティングの定義　(21)

4. スポーツ消費者　(23)

目　次　v

4 スポーツプロダクト ················· 27
——スポーツにおける「プロダクト（商品）」の理解——

▼ *1.* プロダクトとその多様化 （27）

はじめに〜プロダクトとプロダクト開発／プロダクトの多様化

2. スポーツプロダクト （32）

スポーツにおける「プロダクト」／スポーツプロダクトの種類

5 スポーツにおけるプロダクト開発 ··········· 43
——スポーツにおける「モノづくり」の理解——

▼ *1.* プロダクト開発の意義とプロセス （43）

2. プロダクトの企画 （47）

プロダクトの企画の目的と立案プロセス／プロダクトを取り巻く環境分析

3. プロダクト開発の意思決定 （53）

開発テーマの検討／市場調査／プロダクトコンセプト

6 マーケティング戦略の立案 ············· 67
——事業戦略の要，マーケティング戦略の理解——

▼ *1.* 事 業 戦 略 （67）

2. マーケティング戦略 （67）

マーケティング戦略とは／価格戦略／流通戦略／プロモーション戦略

7 地域におけるスポーツ市場 77

▼ *1.* 「コミュニティ」という考え方　（77）

2. スポーツとコミュニティ　（80）

8 地域密着型プロスポーツ組織のマーケティング 87

▼ *1.* 拡大する地域密着型プロスポーツ組織　（87）

2. 地域密着型プロスポーツ組織のスポンサーシップ　（95）

9 多様化する地域のニーズに応えるためのスポーツ組織の諸展開 ... 103

▼ *1.* スポーツツーリズム　（103）

2. スポーツコミッション　（106）

10 スポーツ市場の広がりとその可能性 113

▼ *1.* スポーツを取り巻く環境変化　（115）
総人口と人口構造の変化／多様化が進む社会でのスポーツ

2. スポーツにおけるICT活用　（120）
スポーツを支えるICT／デジタルマーケティング

3. スポーツを通じた健康づくり　（124）
健康経営の広がり／健康社会の実現に向けて

おわりに　（133）

1

sports marketing : the beginning
NIKEのスポーツマーケティング

創業者フィル・ナイトとNIKE

1959年，フィル・ナイトはオレゴン大学で経営学の学位を取得した後，スタンフォード大学のビジネススクールに進学しMBAを学んだ．スタンフォード大学の修士論文において，低賃金の労働者を使って効率的な生産を行えば，競技用シューズのマーケットでアディダスやプーマといったドイツの大企業がいる市場に参入できるという論文を発表した［相原・林・半田ほか 2018：87］．

スタンフォード大学を卒業した後，フィル・ナイトは修士論文の内容を行動に移した．日本のオニヅカタイガー（現在のアシックス）の米国販売権を取得し，オレゴン大学の陸上コーチであったビル・バウワーマンとブルーリボンスポーツ（BRS）を1962年 1 月25日に設立した．

1971年に会社名をギリシャ神話の勝利の女神「ニケ（NIKE）」からもじりNIKEに変更し（**図1-1**），ビル・バウワーマンが朝食時のワッフルメーカーを見て靴底をワッフルデザインにする方法を編み出した（**図1-2**）．

1978年に売上高7100万ドルに達し，1980年に株式上場している．1982年には，ソール部分にエアクッションを入れたバスケットシューズ第 1 号となる「エアフォース 1 」が発売され，1983年の売上高が1億4900万ドルに向上した．2016年の売上高は，およそ340億ドル（約3兆4000億円）を超える大企業であり，ニューヨーク証券取引所のダウ30銘柄にも選ばれている．

1998年からNIKEの広告キャンペーンでとして使用された "just do it" は米国の広告マーケティング誌 *Advertising Age* で20世紀に 5 本に入るフレーズ

と称されている．現在でも，NIKEの広告代理店を担当するのがワイデンアンドケネディである［平田 2012：348］．

図1-1　ポートランド市内にある直営1号店「NIKE TOWN」
※ショップとミュージアムを合体した空間が広がる．
（出所）筆者撮影．

図1-2　ワッフルメーカーをヒントにシューズをデザイン
（出所）筆者撮影．

NIKEのマーケティング戦略

世界最大のスポーツメーカーとなったNIKEの成功要因の1つとして，マイケル・ジョーダンをはじめとする有名選手とのタイアップすることによるイメージ向上と，それに伴い，一般消費者に街中で普段使いの商品としてスポーツ用アパレルを着用させれることに成功したことが大きい［相原・庄子・櫻井 2018：49］．

NIKEが得意とするマーケティング戦略は，チームよりも有名選手個人とタイアップし，選手を前面に出した商品や広告でブランドイメージの向上を図るというものである．

NBA入団前のマイケル・ジョーダンと契約し，1985年に「エアジョーダン」シリーズの成功で驚異的な売上を記録した．1990年に入ると，ゴルフ，テニス，サッカー，アメリカンフットボールなど様々な競技に対象を広げている．タイガー・ウッズ，アンドレ・アガシなど多くのスター選手とスポンサー契約を交わした．ゴルフのタイガー・ウッズがプロへの転向時に5年4000万ドル（当時43億円）とされる大型契約を交わし，新規参入したゴルフ部門の成長につなげた[1]．

現役選手では，サッカーのクリスチャーノ・ロナウド（ポルトガル，ユベントス）（図

2

1-3), NBAキャバリアーズのレブロン・ジェームズ, テニスのロジャー・フェデラー (スイス) などが契約している. 各競技のスターがNIKEのアイコン (象徴) となり, 憧れの選手に近づきたいと夢見る消費者の心を掴んできた.

図1-3　NIKIE本社にあるクリスチャーノ・ロナウド
(出所) 筆者撮影.

NIKEという企業のDNAは主張するアスリートの存在

2016年8月当時NFLのSan Francisco 49ers (サンフランシスコ・フォーティナイナーズ) に在籍していたコリン・キャパニック (Colin Kaepernick) 選手は, 黒人や有色人種への差別がまかり通る国に敬意は払えないと, 有色人種に対する差別や暴力に抗議するために試合前の国歌斉唱中に起立することを拒否し, 片肘をついたことで, 現在に至るまで事実上NFLから追放されている.

米国警官によるアフリカ系アメリカ人への人種差別に抗議するためであった. それ以来, 彼は「ブラック・ライブズ・マター (黒人の命は大切だ)」運動の顔になった. NIKEはコリン・キャパニック選手を広告塔に起用した. 現在に至るまで事実上NFLから追放されていることに対するNIKEなりのコリン・キャパニック選手へのサポートである.

NIKEの広告は, 9月に発表された"Just Do It"30周年記念キャンペーンのメーンビジュアルで, キャパニック選手の顔写真の上に"Believe in something, even if it means sacrificing everything（何かを信じろ．たとえそれで全てが犠牲になるとしても）"とメッセージが掲載されたもの．NIKEのスローガンでもある"just do it"の記念すべきキャンペーンであった．コリン・キャバニック選手以外でも，テニスプレーヤーのセリーナ・ウィリアムズやプロスケートボーダーのレイシー・ベイカー，ナショナル・フットボール・リーグ（NFL）のワイドレシーバーであるオデル・ベッカム・ジュニアといったアスリートが白黒写真で起用され，インパクトのある広告となっている．

　NIKEがコリン・キャバニック選手を広告塔に起用したことを受け，彼を非難したトランプ大統領の支持者は，NIKE製品の不買運動を呼びかけた．退役軍人や保守派らの一団は，その理屈に曖昧さは残るものの「NIKE製品のボイコット」を呼びかけ，NIKEのシューズを燃やす動画をネット上に投稿している．動画がツイートされると一気に拡散し，パロディ動画が次々と登場した．多くのブランドがメディアにおける「炎上」を恐れ，人々の非難に対して過敏になる中，NIKEの広告戦略は大胆なまでに流れに反している．すべての人を喜ばせる万人ウケを狙うのではなく，一部の顧客を切り捨てる決断をしたのである．発表後すぐに，この広告を「アメリカへの背信」と捉えた保守派の間で大炎上し，一時株価が3.2％減，時価総額が32億ドル（約3520億円）減とマーケットにまで影響を与えることとなった．

　しかし，この戦略は成功した．キャンペーン開始から数日で，NIKEのオンライン販売は31％増加した．株価も一時的に下がったものの，その後反騰した．結果としてNIKEの広告は，24時間で4300万ドル（約47億5000万円）相当のメディア露出価値という驚くべきエンゲージメントを生み出し，直後のオンラインで驚異的な売り上げを記録．そして，同社史上最高値の株価となる86.06ドル（約9638円）を更新するなど，18年6〜8月期決算で売上高が前年同期比10％増の99億5000万ドル（約1兆1144億円）という成長を支える要因となっていた．[2]

　NIKE同様，黒人の命は大切だという運動と手を組もうとしたペプシの「woke（社会意識の目覚め）キャンペーン」は破壊的な大失敗を遂げた．ペプシは，短略的過ぎた．製品を売るために安易に人種差別を利用したと批判され，広告は即座に打ち切られた．ペプシは短期的な広告キャンペーン展開に過ぎないが，

NIKEはコリン・キャパニック選手を支持し，その代弁しようとする企業姿勢が見て取れる．

これまでもNIKEは，服装規定に反抗したテニスコートの革命児であるアンドレ・アガシや，"悪童"と言われたテニスのジョン・マッケンロー選手のようなスポーツ界の先駆者と手を携えてきた．マイケル・ジョーダンやタイガー・ウッズという新しい時代のスターを若手の頃から支援して花を咲かせてきた実績がある．近年では，政治的で歯に衣着せぬ発言で知られるNBAのレブロン・ジェームズのように，トランプ大統領をあからさまに批判し，恵まれない子どもたちのために故郷に公立小学校を創設した人物を支援している．この学校は無料の食事と自転車を児童に提供し，卒業生は地元大学の授業料が無料になる．主張するアスリートの存在は，NIKEという企業のDNAであり続けている．数十年にわたってスポーツのライフスタイル化に取り組んできた[3]．

NIKEのコリン・キャパニック選手を起用した広告が，アメリカで最も権威ある広告・マーケティング誌 *Advertising Age* において，最優秀マーケティング賞（Marketer of the Year）を受賞している．

NIKEキャンパスレポート

米国オレゴン州ポートランド郊外にあるNIKE・ワールドヘッドウォーターズ（WHQ：本社ビル）通称「NIKEキャンパス」（**図1-4**）．筆者は2017年7月8日に訪問している．1981年に建設された本社ビルは，ポートランド市内から車で20分ほどのビバートンに，40万フィートという広い敷地に建物と湖と緑がバランスよく設計されている．それぞれの建物には，マイケル・ジョーダンビル，ジョン・マッケンロービルといったNIKEを代表するアスリートの名前が冠されている．さらに，ビルの入口にはアスリートにちなんだ記念碑的シューズやウェアが陳列されている．もう1つのビルを巡る回廊にはNIKEがスポンサードするアスリート175名のレリーフが飾られていて，ウォークウェイフェイマス（有名人通り）と呼ばれている．

スポーツクラブのような施設を備えているほか，シューズやウェアの新作を試すNIKEスポーツリサーチラボや社員がプレゼンテーションなどに利用する

図1-4　NIKE・ワールドヘッドウォーターズ

(出所) 筆者撮影.

講堂が過不足なく揃っている．さらに，テニスコート，クライミング，サッカー場，ビーチバレーコート，カフェテリアおよび託児所まで完備している．森の中を走る感覚の400mトラック（図1-5），おが屑が引かれているジョギングコース，フットサル場．バスケットボールのあるアリーナなど施設を説明するだけでも切りがない．タイガー・ウッズの名を冠した講堂の開館式典で，タイガー・ウッズ自身がドライバーで打ったボールの着地位置を示す看板まであった（図1-6）．その中でも一際異彩を放つ日本庭園が双日庭園である（図1-7）．総合商社である双日がかつて日商岩井という名称だった頃，資金繰りに苦慮していたNIKEに対して格別の配慮をしてくれた双日への感謝が表出している．日米交流の歴史的な記念碑となるかもしれない．スポーツセンターの名前は，かつては自転車のランス・アームストロング選手の名を冠したランス・アームストロングスポーツセンターであったが，ドーピング問題が発覚して以降[4]，個人名はなく，スポーツセンターという名称へ変更されていた．タイガー・ウッズは不倫問題があったが，アスリートとしての実績には寄与しないと判断したのかタイガー・ウッズの名義はそのままであった．アスリートに対するドーピングと不倫問題の違いを解釈する一例になるかもしれない．

　これだけの施設とビル群を目にし，行き交う人々のほとんどがスーツ姿ではないので，学生のいるキャンパスを連想してしまう．まさに，キャンパスと呼ばれる由縁である．日本の会社とはかなり相違する存在である．

図1-5　森の中を走る400mトラック

（出所）筆者撮影.

図1-6　タイガー・ウッズ自身がドライバーで打ったボールの着地位置を示す看板

（出所）筆者撮影.

図1-7　双日庭園

（出所）筆者撮影.

日本の働き方改革とNIKEキャンパス

　日本において働き方改革が重要視されている．NIKEキャンパスを見れば，"働く"ということに対するイメージが変わるのではないか．働かなければならないから働くという現実論は無論あるが，こんな風に働きたいという理想のイメージがNIKEキャンパスでは広がっている．都会の机にしがみついて働くためのオフィスではなく，企業と従業員が互いに得になる環境．従業員からしてみれば，自分を解放する環境として会社がどのような機能を持てばよい雰囲気になるのかを考えることが重要である．決して残業時間だけの問題ではない．

　過度なストレスは，健康の大敵である．過度なストレスにより，心身の大きな変調をもたらし，うつ病を引き起こす原因となる．厚生労働省の調査によると，働く人の約6割が仕事で強いストレスを感じている．心理的要因による生産性の低下は企業にとって無視できないコストだ．厚生労働省の2009年の推計だが，うつ病が原因の自殺や休職などによる社会的損失は年間約2兆7000億円に上るという[5]．

　うつ病を発症する仕組みを説明する．人間がストレスを受けると，刺激が脳の視床下部に伝わり，下垂体を通じて副腎からホルモンを放出する．副腎とは，腎臓の上にあるおにぎりの形をした数センチの臓器である．ストレスホルモンをはじめ，生きていく上で重要な様々なホルモンは副腎から出る．ステロイド薬は，こうしたホルモンの1つを人工的に合成し，炎症や免疫反応を抑える効果を強めたものである．

　ストレスホルモンは，心身を活性化させる物質を増やし，体を守る働きをするのだが，ストレスが続けば，このホルモンが放出し続けている状態に陥る．防衛反応といえるが，脳内で必要以上にホルモンの濃度が高まっていくと一転して，海馬の神経細胞にダメージを与え，うつ病を発症する引き金になってしまうのである．

　うつ病の治療は休養が最も大切なことだと考えれてきたが，海外ではストレスを軽減・解消できる運動がうつ病予防や治療に推奨されている．オックスフォード大学とイェール大学の研究グループは，2018年，米国疾病対策センターが行った計約120万人に及ぶ米国人を対象とした調査結果を発表した．スポー

ツから家事までの身体活動を行うことは，年齢や性別に関わらず，程度の違い
はあっても，心の健康に好影響を及ぼすという結論を導いた[6]．

　英国では，うつ病の治療指針で，専門家の指導の下，1回45分から1時間の
運動を週3回実施するように推奨している．座って仕事をする時間が長い人ほ
どメンタルヘルス（心の健康）を害する傾向があるという．重いうつ病でなけ
れば運動は薬と同等の効果があるという[7]．

　仕事の合間に体を動かすことは，私達が思っている以上に心の健康の維持に
役立っている．運動は，感情に肯定的な影響を及ぼし，痛みから一時的に離
れさせる効果がある．運動は脳を活性化させることから，睡眠の質を改善させ，
運動・食事・睡眠のバランスのとれた生活習慣を実践できるようになる．

　米国シリコンバレーのIT企業が職場に卓球台を導入してから日本のIT企業
でも卓球台を置くところが増えている．NIKEキャンパスを導入してくれる日
本の企業が出現することを切に期待している．

謝辞

本章は，大阪経済大学共同研究費（2018～2019年度）の助成を受けたものです．

注

1）『読売新聞』朝刊22面，2015年10月9日．

2）小川 陸，WWD, https://www.wwdjapan.com/752744，（2019年3月16日閲覧）．

3）JASON PARHAM（翻訳:MAI INOUE）WIRED,
　　https://wired.jp/2018/09/10/nike-colin-kaepernick/#galleryimage_426985-2887_1,
　　（2019年3月16日閲覧）．

4）ランス・アームストロング選手は，がんを克服して1999年から2005年にかけてツール・
　　ド・フランスを7連覇した自転車選手として世界的に著名であったが，のちにドーピン
　　グを使用しながらの7連覇だということが発覚し，2012年に1998年以降の全記録を抹消
　　されたうえ，永久追放となった［相原 2016：39］．

5）『読売新聞』朝刊1面，2019年3月14日．

6）『読売新聞』朝刊32面，2019年3月12日．

7 ）『読売新聞』朝刊24面，2019年 3 月14日．

参考文献

相原正道［2016］『現代スポーツのエッセンス』晃洋書房．

相原正道・林恒宏・半田裕・祐末ひとみ［2018］『SPORTS PERSPECTIVE SERIES 1
スポーツマーケティング論』晃洋書房．

相原正道・上田滋夢・武田丈太郎［2018］『SPORTS PERSPECTIVE SERIES 2　スポー
ツガバナンスとマネジメント論』晃洋書房．

相原正道・庄子博人・櫻井康夫［2018］『SPORTS PERSPECTIVE SERIES 3　スポーツ
産業論』晃洋書房．

カッツ，D.［1996］『Just Do it──ナイキ物語──』（梶原克教訳），早川書房．

ナイト，P.［2017］『SHOE DOG──靴にすべてを．──』（大田黒奉之訳），東洋経済新報社．

平田竹男［2012］『スポーツビジネス最強の教科書』東洋経済新報社．

松田義幸［2003］『スポーツブランド──ナイキは私たちをどう変えたのか?──』中央公
論新社．

2

sports marketing : the beginning
マーケティング

▼ *1.* マーケティングの誕生と歴史

　18世紀後半から19世紀前半にかけてイギリスでは，技術革新による手工業生産から工場制生産への移行に代表される産業革命がおこった．その産業革命の波は19世紀中ごろにはアメリカに達し，大量生産，大規模生産技術が発達し，モノがあふれる過剰供給を招いた．当時のアメリカでは，効率性を重視し大規模工場などで集中して大量生産されたためコスト削減につながり，それまでよりも低価格での製品提供ができる一方で，生産したものを販売しなければならず，いかに効率よく製品を流通させ販売するかといった問題を解決する必要性に迫られた．このような社会経済的な背景を踏まえ，19世紀末から20世紀初頭にかけて，アメリカにおいてマーケティングが生まれてきたとされている［鷲尾 2009：4］．

　その後，世界大恐慌などを契機にますますマーケティングの重要性は増していき，科学的な研究も蓄積され，学術分野として形成されていったと考えられる．第2次世界大戦後には，経営者的な視点に立ち，販売促進の側面だけではなく様々な企業内の活動と統合的にマーケティングをマネジメントの立場からとらえようとするマネジリアル・マーケティングという考え方が主流になった．顧客に焦点を当て，4Pとして知られるマーケティング要素を組み合わせたマーケティングミックスを用いたマーケティング・マネジメントをマッカーシーが提唱したのも，1960年であった．マッカーシーは企業がコントロール可能な要因とコントロール不可能な要因を明確にし，マーケティング活動を行うこと

を提案した．製品（product），価格（price），立地/流通（place），プロモーション（promotion）の４つの要因を企業がコントロール可能なツールとして挙げ，コントロール不可能なものとしては文化・社会的環境，政治，法律，経済，競合企業など環境要因を挙げ，顧客を獲得するために環境要因に対応しながら，４Ｐを組み合わせたマーケティングミックスを展開することが必要であるとしている．このマネジリアル・マーケティングは，その後フィリップ・コトラーを中心にマーケティング・マネジメント論として体系化されていった．

　1970年代には，誇大広告，欠陥商品の販売，公害，石油ショックに代表される資源の枯渇問題，環境問題に対する批判から企業に対する社会的責任や企業倫理を問う動きが見られ，ソーシャル・マーケティングという考え方が生まれた．このような社会志向のマーケティングと同時に，企業のマーケティング・マネジメントのフレームを非営利組織に適用しようとするノンプロフィット・マーケティングという流れも生まれた．

　80年代には，物財に加えサービスが台頭したことでサービスのマーケティング・マネジメントが発展した．特に顧客満足の向上や維持に多くの企業が取り組んだ時代でもあった．90年代に入ると，リレーションシップ・マーケティング（関係性マーケティング）という考え方が注目を集める．顧客との長期的で，継続的な関係性を大切にしようとする考え方である．原田ら［2018：19-20］は，関係性マーティングが注目された背景には80年代から90年代にかけた消費者の求めるものが，モノの豊かさからココロの豊かさへシフトした生活構造の変化があることを指摘している．その結果，企業から消費者への一方通行に似た「これが素晴らしい商品です．お勧めです．」といった商品やサービスの提供には無理が生じ，企業は顧客と対話しながら新しい需要を創出しアイディアを生み出すことが求められるようになった．この関係性マーケティングにおいては，感動・共鳴・共感といった経験が生み出され，企業と顧客との間でより密接な関係が促進される．この関係は，スポーツ参加や観戦といった経験を主要な商品とするスポーツビジネスにおいては，近年特に重要視されるマーケティングであると原田ら［2018：20］は述べている．

2. マーケティングの定義

　表2-1は，マーケティングの主要な定義を整理したものである．コトラー［Kotler and Keller 2008：邦訳 6］はより短く簡単な表現でマーケティング活動を「（人間や社会の）ニーズに応えて利益を上げること」とも述べている．良質な家具を安価に購入したい人に組み立て式家具という形を提案したイケアや，全国に点在する店舗がネット上に出店できる仕組みと消費者が他の店舗と比較しながら商品を購入できる仕組みを作った楽天，トヨタ86という大人の求めるスポーツカーをスバル自動車と共に共同開発・提案したトヨタ自動車などは，ニーズに応えた好例といえる．

　American Marketing Associationは，1948年，1960年，1987年，2004年，2007年とマーケティングの定義を変更し，現在の定義に至っている．「1. マーケティングの誕生と歴史」でも述べたように，時代や消費者の価値観，ライフスタイルの変化，ビジネスの変化がその背景にあるためだと考えられる．

　マネジリアル・マーケティングが中心だった時代には，マーケティングはモノを売る仕組みづくりととらえられることが多かった．しかしながら現代のマーケティングにおいては，ピーター・ドラッカー［Drucker 1973］が提言しているように，売り込む（selling）ことはマーケティングの一部分であって，個

表2-1　マーケティングの主要な定義

- マーケティングとは，顧客，依頼先，パートナー，社会全体にとって価値ある提供物を創造・伝達・配達・交換するための活動であり，一連の制度，そしてプロセスである．(American Marketing Association 公式サイト)
- マーケティングとは，企業及び他の組織がグローバルな視野に立ち，顧客との相互理解を得ながら，公正な競争を通じて行う市場創造のための総合的活動である．(日本マーケティング協会公式サイト)
- マーケティングとは個人や集団が製品およびサービスを創造し，提供し，他社と自由に交換することによって，自分が必要とし求めているものを手に入れる社会的プロセスである．［Kotler and Keller 2008：邦訳7］
- マーケティングの目的は，顧客について十分に理解し，顧客にあった製品やサービスが自然に売れるようにして，セリングを不要にすること．[Drucker 1973：64-65]

第 2 章 マーケティング　13

人や社会のニーズを十分に調査・分析して製品やサービスが自然に売れるようにする（需要を創造する）活動や取り組み全てをマーケティングとして捉えるようになってきている.

3. 現代のマーケティングの特徴

　現代のマーケティング・マネジメントを体系づけることに大きな役割を果たしたといわれるフィリップ・コトラーは時代の変化に伴うマーケティングの変化について，以下の**表2-2**のように3つに分けたうえで，今後求められるマーケティングをマーケティング4.0として提案している.

　工場でつくられる製品をより多くの購買者に買ってもらおうとする製品中心のマーケティング1.0，市場を特徴ごとに分類（セグメント化）し特定のターゲットに他社よりも差別化した製品を提供しようとする消費者志向のマーケティング2.0，消費者を満足させようとすることには変わりないが，より社会的な価値や責任も果たそうとする価値主導のマーケティング3.0，そして顧客に自己

表2-2　マーケティング1.0, 2.0, 3.0

	マーケティング1.0 製品中心の マーケティング	マーケティング2.0 消費者志向の マーケティング	マーケティング3.0 価値主導の マーケティング
目的	製品を販売すること	消費者を満足させ， つなぎとめること	世界をよりよい場所にすること
可能にした力	産業革命	情報技術	ニューウェーブの技術
市場に対する企業の見方	物質的ニーズを持つマス購買者	マインドとハートを持つより洗練された消費者	マインドとハートと精神を持つ全人的存在
主なマーケティング・コンセプト	製品開発	差別化	価値
企業のマーケティング・ガイドライン	製品の説明	企業と製品のポジショニング	企業のミッション，ビジョン，価値
価値提案	機能的価値	機能的・感情的価値	機能的・感情的・精神的価値
消費者との交流	1 対 多数の取引	1 対 1の関係	多数 対 多数の協働

（出所）Kotler, Kartajaya and Setiawan［2010：邦訳 No.164］

実現の手段を与えるような，顧客に感動させて推奨者(伝道者)にするマーケティング4.0である［Kotler, Kartajaya and Setiawan 2010；2017：邦訳 ］.

　現代およびこれからのマーケティング4.0の世界では，優れた製品やサービスがコモディティ化（差別性がなく，当たり前のように存在し，他のものと代替できること）し，インターネットを介して口コミやレビューに精通し多くの情報を持っていることが当たり前の消費者に対して，感動や驚きを与えることで他社との差別化を図る必要性を説いている［Kotler, Kartajaya and Setiawan 2017：邦訳］.

　コトラー［Kotler, Kartajaya and Setiawan 2017：邦訳］は，消費者が，何も知らないところから製品やサービスを購入するところまでといった従来のマーケティングにおいて重視することが多い購入の道筋を「カスタマー・ジャーニー」と呼んでいる．さらに近年においてはソーシャルネットワークやスマートフォンの著しい普及を背景に，購入したものを推奨するまでという新しい段階を加えたカスタマー・ジャーニーを提案し，特に最後の推奨の段階では感動や驚きといった感情や経験を与えることの重要性を指摘している.

　このような感情や経験を顧客と共有し，ソーシャルネットワークなどを利用して拡散という形で多くの人に奨め，共感してもらうようなマーケティングが現代的な特徴の1つと考えられる．世界的に展開しているコーヒーチェーンであるスターバックス社は，このようなマーケティングを実践している企業の1つと考えられる．自宅（ファーストプレイス）でも職場（セカンドプレイス）でもない，1人の個人としてくつろぐことができる居場所という概念である「サードプレイス」をコンセプトに，スターバックス体験を提供し，個人もコミュニティ（地域社会）もスターバックスを起点につながっていくことを目指している．感情や経験に働きかけるサードプレイスに加え，展開する地域や国によって若干異なる場合もあるが，その地域の文化になじむような外観を設け，時間制限を設けない店舗利用，無料Wi-Fiを提供するなど居心地の良い環境づくりを行っているのは周知のとおりである．また，見た目にも新鮮で驚きや感動を与えるような季節ごとの新商品の提供を行うことが，ソーシャルネットワークでの拡散や推奨につながる．実際にTwitterやInstagramにおいてスターバックスに関連する多くの投稿を見ることができる．日本の旅館体験のグローバル展開を

第 2 章 マーケティング　15

進める星野リゾート，ディズニーリゾートやユニバーサル・スタジオ・ジャパンといったテーマパーク，安価で高品質な飲食を提供することで人気があり出会いや交流の場としての機能もある立飲み・立食いの小規模飲食店など，マーケティング4.0に当てはめて考えれば理解しやすい事例は多くみられる．スポーツを中核にしたビジネスにおいても参考になる考え方といえる．

参考文献

原田宗彦・藤本淳也・松岡宏高編著［2018］『スポーツマーケティング　改訂版』大修館書店．

鷲尾紀吉［2009］「マーケティング理論の発展とマーケティング・マネジメント論の展開」『中央学院大学商経論叢』24（1），pp.3-12.

Drucker, P. [1973] *Management : Tasks, Responsibilities, Practices*, New York : Haper and Row.

Kotler, P., Kartajaya, H. and Setiawan, I. [2010] *MARKETING 3.0 From Products to Customers to the Human Spirit*, Wiley & Sons, Inc.（恩藏直人監訳・藤井清美訳『コトラーのマーケティング3.0　ソーシャルメディア時代の新法則』朝日新聞出版，2016年第15版Kindle版）.

Kotler, P., Kartajaya, H. and Setiawan, I. [2017] *MARKETING 4.0 Moving from Traditional to Digital*, Wiley & Sons, Inc.（恩藏直人監訳・藤井清美訳『コトラーのマーケティング4.0　スマートフォン時代の究極法則』朝日新聞出版, 2017年第1版Kindle版）.

Kotler, P. and Keller, K. L. [2008] *Marketing Management 12*[th] *ed.* Person Education, Inc.（恩藏直人監，月谷真紀訳『コトラー＆ケラーのマーケティング・マネジメント第12版』Pearson Education Japan，2011年）.

ウェブサイト

日本マーケティング協会（https://www.jma2-jp.org.）

American Marketing Association（https://www.ama.org.）

3

sports marketing : the beginning

スポーツマーケティング

▼ *1.* スポーツとマーケティング

　原田ら［2018：21］は「スポーツとマーケティングの幸せな出会い」という言葉を用いて，スポーツビジネスの変革やスポーツマーケティングの発展を表現している．スポーツマーケティングが発展してきたのは，北米においてであった．アメリカでは1970年代の石油ショックを契機として経済成長が鈍り財政赤字が大きくなったため，当時大統領となったロナルド・レーガンは個人の所得税の大幅な減税を行い景気回復を図ろうとした．一方で政府の税収が落ちることから，政府の支出を減らすため公共サービスの補助金をカットしていった．補助金がカットされてしまうため，公共サービスにおける規制緩和や民営化が推進された．福祉予算をはじめ，教育やスポーツ・レクリエーション部門においても補助金が大きくカットされ，例えば地域住民のレクリエーションの中心であった公園では結婚や出産を契機とした記念樹への命名権の販売が行われるなど，自主財源を確保しようとマーケティングの手法が活用されるようになっていった．

　このようなアメリカの社会背景の中，1984年にはロサンゼルス市において夏季オリンピック競技大会が開催されることとなった．国や州政府からの補助は期待できない中，観戦チケットの販売に加えて，後のスポーツイベントがモデルとすることになる，独占放送権の販売，公式スポンサーやサプライヤー制度，公式マークやロゴ，大会マスコットを使用した商品ライセンスの販売などといった，スポーツが生み出す様々な権利の販売が行われることで，ロサンゼ

ルス市の税金を使用しないだけでなく黒字化したオリンピックとなった．

このころTV放送にも技術革新がおこり始めており，衛星伝送が実用化された．いわゆる衛星放送である．この衛星伝送技術の実用化がスポーツの放送権料高騰やスポーツの商業化を促進させた要因の１つであるといわれている［藤原 online］．衛星TV放送を後押しした背景には「リアルタイム」と「グローバル」という特性が挙げられる．1980年代の社会情勢を振り返ると，冷戦構造の終結，ベルリンの壁崩壊，それらに伴うグローバル化，湾岸戦争など，その時，世界で起きていることをリアルタイムに共有することが求められ，衛星TV放送はまさにその点に優れた特性を持っていた．同時に，スポーツにもこの特性が備わっており，世界中で開催される，あるいはある国内で開催されるスポーツ大会をライブでTV観戦するスタイルが出来上がっていったと考えられる．特に北米では，試合数が多いメジャーリーグベースボール（MLB）を筆頭とする，NFL，NHL，NBAといった４大プロスポーツリーグ，大学フットボールやバスケットボールが人気を博していった．観戦需要が増すということは価格も高騰するため，放送権料も高騰し，試合会場を始めTVCMなど広告やスポンサーも急増することとなった［藤原 online］．こうして1984年のロサンゼルスオリンピックの成功と，衛星伝送という技術革新の波に乗り，スポーツマーケティング，スポーツビジネスの発展が加速していったと考えることができる．

1990年以降はインターネットの普及に代表されるインフォメーション・テクノロジー（IT）の発達がTV放送に限定されることのない観戦スタイルを創造している．特にソーシャルネットワークと全世界人口の半数を超える普及台数［総務省 2017］と考えられるスマートフォンの影響は著しい．いつでもどこでもスポーツ観戦ができる「オンデマンド化」が推進する一方で，その時その場所でライブでスポーツを観戦する価値が向上することは疑いようがないだろう．

2. スポーツ用品産業とマーケティング

19世紀後半から20世紀初頭にかけた初期のころのスポーツ用品産業においてマーケティングを展開，成功していた企業にスポルディング社がある．ボ

ストンレッドストッキングスとシカゴホワイトストッキングスでプロ野球選手でもあったアルバート・G・スポルディングは1876年イリノイ州シカゴ市にA. G. Spalding & Brothersを開設した．ナショナル・ベースボール・リーグの創設者と会長として知られているが，プロリーグ公式球や公式用具の開発・採用，スポーツ用品の流通や販売に貢献するスポーツ自体の普及活動など，北米におけるスポーツ用品産業の開拓，拡大，近代化に貢献したことでも評価されている．スポルディング社のプロモーション活動などマーケティングミックスについては，B. G. ピッツとD. K. ストットラー［Pitts and Stotlar 2002：邦訳］のFundamentals of Sport Marketing 2nd Ed. に詳しく紹介されている．20世紀初頭にはスポルディング社に加え，Thomas E Wilson社（後のウィルソン社）も，精肉後のスジや皮といった副産物からテニスのストリングスを開発したことを契機にスポーツ用品製造会社を買収するなどして，スポーツ用品産業に参入，成長した．

　ドイツバイエルン州に1920年ごろ，アドルフ・ダスラーが創業し，1924年にGebrüderDassler Schuhfabrikとして開設されたのは後のアディダス社である．アディダス社は1926年のアムステルダムオリンピックと1936年のベルリンオリンピックにおいて陸上選手にシューズを提供し金メダルを獲得するなど，現代でいうところのスポンサー契約の一種であるエンドースメント契約を行っている．このような現代的なスポーツマーケティング手法は，19世紀後半から20世紀初頭には北米のスポーツ用品メーカーにおいても活用されており，スポルディング社はプロ野球選手に用具を提供し知名度を高めている．またヒラリッチ・アンド・ブラズビー（Hillerich & Bradsby）社はベーブ・ルースと同社のバット使用契約を結び，当時有名だった選手のサイン入りレプリカモデルバットを販売するなどして，野球バット製造産業におけるリーダーとなった［Pitts and Stotlar 2002：邦訳 61-66］．

　アディダス社はその後，当時のスポーツ参加者の主流であったアスリート志向の用具開発を行い，それらをアスリートや国際オリンピック委員会，各国オリンピック委員会，各競技団体といったスポーツ組織に積極的に無償提供することで世界的なブランドとしての地位を形成していった．一方で，これまで

成功してきたやり方にこだわりすぎるあまり，現代的なマーケティングの視点を欠き，1991年には給与支払い義務不履行寸前で実質的な破産状態となってしまった．従来のアスリート用の製品開発に偏り，需要を創造しなかったこと，スポーツ協会や競技団体を重視しすぎ，製品の大量配布といった一世代前のプロモーションを続けていたこと，生産拠点が限定的で販売網に十分な製品をいきわたらせるのに時間とコストがかかるなど，経営資源の最適配分ができていなかったことなどが指摘されている [Brunner 2006：邦訳 75-98]．特に，1つ目の需要創造については，当時のスポーツ参加者についての環境分析が欠如していたことと合わせて致命的であったと考えられる．

　1970年代から80年代にかけては，特に北米を中心にスポーツ「競技」が，スポーツやフィットネスとして一般の人々に大衆化した時代ととらえることができる．ケネス・クーパー [Cooper 1968] がエアロビクス（有酸素）理論を提唱し，その理論に基づき1970年代にはジャッキー・ソレンセンが考案した音楽に合わせたダンス形式のエアロビクス・ダンシングが普及した．またジム・フィックス [Fixx 1977] が*The Complete Book of Running*．（邦題：奇跡のランニング）を著し，有酸素運動であるランニングを推奨した．第2次世界大戦後のベビーブーム世代において健康志向や自己中心主義，痩身志向に伴う拒食症などが注目された時代であり，人々の健康ブームとも相まって，ジョギングブームが到来した．当時，これら一般のランナーはアスリートよりも圧倒的に市場が大きく，アスリートほどシリアスにランニングに取り組む人々ではない．このような時代の流れとランナーの需要に気が付かなかったのがアディダス社であり，気が付いたのがナイキ社である．ナイキ社は，ランナーが必ずしも競技志向で陸上競技場で練習したり大会に出場するわけではなく，砂利道や硬いアスファルトで固められた道路を走ることから，履き心地が柔らかく，クッション性が高く，きちんとアスファルトや砂利道をグリップし，滑ったり足をくじくことが少ないようなランニングシューズを提供した．"*There is no finish line.*（そこにゴールはない）" というスローガンを掲げ，アスリートではなく湖の周りや一般の道路を走る人々のための品質の良いシューズを提供することを宣言し，全米の一般ランナーからの共感を得ることで，圧倒的な支持を得ることとなった．スポー

ツのマーケティングの成功例といえよう.

　近年では，アスレジャーという言葉が生まれたように，スポーツウェアやシューズが必ずしもスポーツ実施の現場だけに限定されるものではなく，日常生活で着用されるようになってきている．このようなニーズに対応したのが，ナイキ社やアンダーアーマー社であり，ライフスタイル，というカテゴリーを設けて日常生活での普段使いを提案している．また，アシックス社は，アシックス社の前身のシューズ会社名であるオニツカタイガーをブランド化し，レトロなデザインの廃版モデルを革で仕上げ復刻し，日常のファッションとして使用できるスニーカーを提案し成功している．

▶ *3.* スポーツマーケティングの定義　◀

　上述したスポーツとマーケティングの関係，スポーツ用品産業とマーケティングとの関係の中では，スポーツ自体そのものに関わるマーケティングとスポーツを利用してものを販売したり，集客しようとするマーケティング事例を紹介した．このように，スポーツマーケティングをとらえようとした場合，スポーツ（そのもの）のマーケティングとスポーツを利用したマーケティングとがある．また，営利目的の活動と非営利組織との違い，スポーツ参与（参加よりも範囲の広い関与という意）の形態による違いによって対象や活動が異なるとも考えられる．原田らは**表3-1**のようにスポーツマーケティングの守備範囲の広さを指摘している．

表3-1 スポーツマーケティングの領域

	するスポーツ		見るスポーツ	
	公共セクター	民間セクター	公共セクター	民間セクター
スポーツ(そのもの)のマーケティング	・スポーツ推進戦略 ・公共スポーツ施設の集客戦略	・民間フィットネスクラブの会員獲戦略 ・スポーツ用品メーカーの新製品キャンペーン	・公共スタジアム・アリーナの経営 ・プロスポーツチームへの出資	・民間スタジアム・アリーナの経営 ・プロチームの経営
スポーツを利用したマーケティング	・公共広告(種々のキャンペーンや広報活動におけるスポーツ選手の活用)	・フットサルやバスケの3X3を使った企業のPRやショッピングモールの販促活動	・スポーツに親しむまちづくり ・スポーツを触媒(キャタリスト)とした都市経営	・実業団チームによる企業イメージの向上 ・スポーツ・スポンサーシップ

(出所)原田・藤本・松岡編著[2018:30].

　スポーツマーケティングの守備範囲の広さを踏まえ，原田らはスポーツマーケティングを以下のように定義した．

　「するスポーツ」と「見るスポーツ」で生起するスポーツ消費者のニーズと欲求を満たすために行われるすべての活動と定義し，その中に「スポーツ用品やスポーツサービスの価値を高めるマーケティング」と「スポーツを利用して製品やサービスの広告価値を高めるマーケティング」を含む．[原田・藤本・松岡編著 2018:30]

　また，歴史的にも学術的にもスポーツマーケティングが発展してきた背景を持つ，北米において広く受け入れられているマリンら[Mullin, Hardy and Sutton 2014]の定義は以下の通りである．マリンらの定義もまた原田らと同様に，スポーツ(そのもの)のマーケティングとスポーツを利用したマーケティングの側面があること，スポーツ消費者が関わる多様な購買行動を対象とすることが特徴である[原田・藤本・松岡編著 2018:28]．

> スポーツマーケティングは，交換過程を通して，スポーツ消費者のニーズ
> と欲求を満たすためにデザインされたすべての活動である．スポーツマー
> ケティングは以下のような2つの主要な目的を進展させる．「スポーツ消費
> 者へのスポーツプロダクトとサービスの直接的なマーケティング」と「ス
> ポーツの持つ特性や価値を利用したパートナーシップやプロモーションを
> 使った，他の一般の消費者やプロダクト，もしくはサービスのマーケティン
> グ」である．（Mullin, Hardy and Sutton［2014：13］を著者翻訳）．

4. スポーツ消費者

　スポーツマーケティングの定義からもわかるように，大雑把な言い方をすれ
ばスポーツ消費者のニーズに対応する活動がスポーツマーケティングと考える
ことができる．では，スポーツ消費者とはどのような人々なのだろうか．

　原田らは「スポーツ消費者とは，何らかの便益を得ることを目的としてスポー
ツに参加する，またはスポーツを観戦するために，時間，金，個人的エネルギー
を投資する人々」と定義した［原田・松岡・藤本編著 2008］．その上で，ウエアや
シューズを購入するようなスポーツに関わる消費をする人と，スポーツ参加や
スポーツ観戦といった「スポーツそのものを消費」する人を分けてとらえ，そ
の著書の中でスポーツマーケティングの対象として後者をスポーツ消費者とす
ることを提案している．

　一方，ファンクら［Funk,Alexandris and McDonald 2016］はスポーツ消費者行動
を「スポーツ製品の購入や利用，およびその購入・利用に対して生じる様々な
心理的・行動的反応」と定義づけ，スポーツ消費者を「参加型スポーツ消費者」
「観戦型スポーツ消費者」「スポーツ用品の消費者」「スポーツイベントの消費
者」の4つに分類している．図3-1は，ファンクら［Funk,Alexandris and McDonald
2016：44］のスポーツ消費者の類型を示したものである．4つの分類に加えて
複合的な消費を行っている様子が示されているのが特徴である．参加型スポー
ツ消費者はスポーツ実施に伴い，スポーツ用品の購入や練習の成果を披露する

第 3 章 スポーツマーケティング　23

場でもある大会やイベントに参加したり，自分が実施するスポーツをTVやスタジアムで観戦することもあるだろう．観戦型スポーツ消費者がレプリカユニフォームや特定の選手の背番号やサインが入ったTシャツなどを購入するのはよく見かける光景である．このように，行動によって分類はされていても，実際の現場では複合的にスポーツを消費していることが理解できる．

　図3-1の中央のすべての領域に関わっているスポーツ消費者行動として，スポーツツーリズムが挙げられる．スポーツツーリズムとは，スポーツへの参加や観戦などを目的に旅行をすることである．近年特に注目されるようになったスポーツ消費者行動といえるだろう．スポーツツーリズムの定義は様々であるが，多くの場合，スポーツ参加や観戦，スポーツボランティアなどの活動目的の要素，日常生活圏から離れた活動場所といった空間的要素，宿泊や長時間の滞在を伴うといった時間的な要素の3つで説明されることが多い．また，日本におけるスポーツツーリズムの推進の現状を概観すると，スポーツツーリズム推進基本方針［国土交通省 2011］に定められている「スポーツ資源とツーリズムとの融合を図っていく取り組み」という表現が最も適していると考えられる．

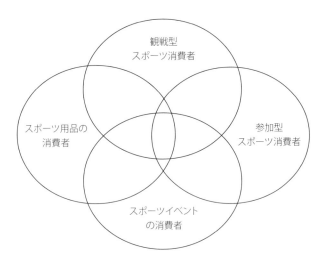

図3-1　スポーツ消費者の類型

（出所）Funk, Alexandris and McDonald［2016：44］を著者翻訳．

このようなスポーツツーリズムを実施する人々をスポーツツーリストと呼ぶ．スポーツツーリストには，「スポーツ参加/観戦重視型」と「複合（参加/観戦と行先地重視）型」がいることが報告されており，前者はスポーツ参加や実施に際して用具などにお金をかける傾向があるものの，スポーツ参加のための旅費や宿泊費，食費などは倹約傾向があり，後者はせっかく行くなら，と温泉や郷土料理，地酒など観光に積極的で同伴者を伴い開催地に経済的な効果をもたらす傾向がある［工藤 2017：309-310］．スポーツツーリズムを推進する機運が自治体などで高まってきているが，このようなスポーツ消費者行動をとらえることが今後，ますます重要になってくると考えられる．

参考文献

国土交通省［2011］「スポーツツーリズム推進基本方針」（http://www.mlit.go.jp/common/000160526.pdf，2019年3月10日閲覧）．

工藤康宏［2017］「第23章　スポーツツーリズム」，原田宗彦編著『スポーツ産業論　第6版』杏林書院．

総務省［2017］「第1部特集データ主導経済と社会変革 第1節スマートフォン社会の到来」，平成29年版情報通信白書（http://www.soumu.go.jp/johotsusintokei/whitepaper/ja/h29/html/nc111110.html，2019年3月10日閲覧）．

仲澤眞・吉田政幸編著［2017］『よくわかるスポーツマーケティング』ミネルヴァ書房．

原田宗彦・松岡宏高・藤本淳也編著［2008］『スポーツマーケティング』大修館書店．

原田宗彦・藤本淳也・松岡宏高編著［2018］『スポーツマーケティング　改訂版』大修館書店．

藤原庸介［online］「放送権料とスポーツ」，笹川スポーツ財団 スポーツ歴史の検証

（http://www.ssf.or.jp/history/legacy/tabid/1158/Default.aspx，2019年3月10日閲覧）．

Brunner, C.［2006］*All Day I Dream About Sport. The Story Of The Adidas Brand*, Cyan Communications（山下清彦・黒川敬子訳『アディダス　進化するスリーストライプ』ソフトバンククリエイティブ，2006年）．

Cooper, K.H.［1968］*Aerobics*, M Evans.

Fixx, J.［1977］*The Complete Book of Running*, Random House.

Funk,D.C., Alexandris,K. and McDonald,H. [2016] *Sport Consumer Behavior : Marketing Strategies*, Routledge.

Kotler, P., Kartajaya, H. and Setiawan, I. [2010] *MARKETING 3.0 From Products to Customers to the Human Spirit*, Wiley & Sons, Inc.（恩藏直人監訳，藤井清美訳『コトラーのマーケティング3.0　ソーシャルメディア時代の新法則』朝日新聞出版，2016年第15版Kindle版）.

Kotler, P., Kartajaya, H. and Setiawan, I. [2017] *MARKETING 4.0 Moving from Traditional to Digital*, Wiley & Sons, Inc.（恩藏直人監訳・藤井清美訳『コトラーのマーケティング4.0　スマートフォン時代の究極法則』朝日新聞出版, 2017年第1版Kindle版）.

Kotler, P. and Keller, K. L. [2008] *Marketing Management 12*[th] *ed.*, Person Education, Inc.（恩藏直人監修，月谷真紀訳『コトラー＆ケラーのマーケティング・マネジメント第12版』Pearson Education Japan，2011年）.

Mullin, B. J., Hardy, S. and Sutton, W. A. [2014] *Sport Marketing 4*[th] *ed.*, Human Kinetics.

Pitts, B. G. and Stotlar, D. K. [2002] *Fundamentals of Sport Marketing 2*[nd] *Ed.*, Fitness Information Technology Inc.（首藤禎史・伊藤友章訳『スポーツ・マーケティングの基礎　第2版』白桃書房，2006年）.

4 *sports marketing : the beginning*
スポーツプロダクト
――スポーツにおける「プロダクト（商品）」の理解――

▼*1.* プロダクトとその多様化

はじめに～プロダクトとプロダクト開発

　現代の生活において，自分の生活を支えている「プロダクト（商品）」を自分自身で生産している人は，ほぼ皆無だろう．たとえ，自給自足で食糧をまかなっている，という農家があったにしても，その作業に用いる道具は他者が生産したものであろう．これらのプロダクトは，その大部分が企業によって開発され，市場を通じ，私たち消費者に供給されている．

　これはスポーツにおいても同様であり，今日のスポーツでプロダクトである道具，サービスや施設などを用いずに成立するものは無いといってもよいだろう．そして，それらのほとんどが企業において生産供給されている．

　第4～6章では，これらスポーツで用いられる（消費される）様々なプロダクトがどのように企業において創り出されているのか，「プロダクト開発」の主要なプロセスや要素を押さえながら，筆者の実務経験を踏まえて系統的に学べるように構成している．ただし，本書において，実務上のすべてのプロセスや要件について述べられていないことを予めお断りしておく．

プロダクトの多様化
プロダクト（商品）の成立

　古代の社会では，そもそも「プロダクト（商品）」という概念は存在せず，人々は必要なモノ（食糧，物資）をすべて採取や狩猟による自給自足によって得て，

生活が営まれていた．やがて，採取や狩猟の技術の習熟が高まり，さらに便利な道具を生み出すこと，つまり「生産性向上」が起きた．それにより生まれた自分たちの生活に必要な消費量以上の余剰なモノを「プロダクト」として，他者に譲り渡す（供給）ようになった．これが「流通」の起源であり，その取引の場として「市場（マーケット）」が発生したのである．さらに，生産性向上に繋がる技術革新が進むと同時に，貨幣の出現によりプロダクトを物々交換で取引していた「市場」の進化や余剰品としてのプロダクトの生産供給ではなく，そのこと自体を生業とする者の出現，という社会的分業が起きたこと．このように「プロダクト」の存在は，社会の活動にとって無くてはならないものに進化を遂げた．

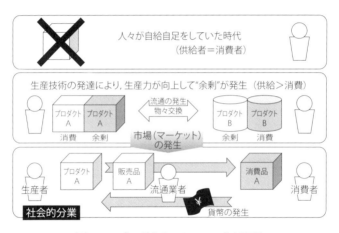

図4-1　プロダクト（商品）の成立過程

（出所）筆者作成．

プロダクトの種類

プロダクトには，形を持った「有形財（ハード）」と物理的な形を有しない「無形財（ソフト，サービス）」の大きく2種類がある．プロダクトが誕生した当初は，プロダクトとは形のあるもの，魚，動物や果実といった「有形財」のみであった．これらが生きるために必要な（価値のある）モノであったからである．現在においては，形の無いモノ＝「無形財」も当然ながらプロダクトである．私た

ちの生活が，様々に供給されるサービス抜きでは成立しないからである．これらから現在におけるプロダクトとは，「社会的価値」とも言い換えられる．

シェアリングエコノミー

有形財としてのプロダクトは，もはや私たちが到底消費できないほどの膨大な量に膨れ上がっている．例えば，スポーツシューズというスポーツ産業の一分野においても，それは明白である．そして，無形財も近年のネット技術の急速な発展により，その種類や量といったものが爆発的に増加した．その中で注目され，大きなビジネスへと成長しているのが，図4-2のようにシェアリングエコノミーとよばれる有形財と無形財がクロスオーバーしたプロダクトである．

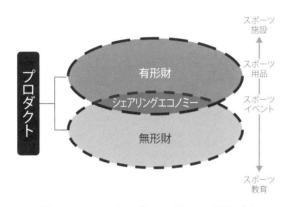

図4-2　シェアリングエコノミーの位置づけ

(出所) 筆者作成.

これまで有形財は，所有を前提に生産・供給・消費されてきた．これに，無形財における利用権という権利の消費を組み合わせたものがシェアリングエコノミーである．有形財の個別の所有よりも，機会や経験を重要視する，これまでのあらゆる有形財の産業構造自体を変革しつつある流れが急激に強くなっている．アパレルのメチャカリやトヨタ自動車がソフトバンクと協業し，車の個人所有離れという流れに対応しようとしているのもその事例である．スポーツ自体，その機会や経験によって強く動機づけされるものであることから，スポー

第 4 章 スポーツプロダクト　29

ツ産業においてもこの流れは急速に進んでいくだろう．

イノベーションによる商品の進化

プロダクトの成立過程で見てきたように，プロダクトの進化やその多様化には生産技術の発達，すなわち「イノベーション」が大きく影響している．

イノベーションは，「新技術・発明・技術革新」といった純粋な技術分野の側面と，「経済的成長の力となる革新」といった側面を持っている．

その語源は，ラテン語で

　　in（内部へ）＋ novate（変化させる）＝ innovate（新たにする）

とされ，その種類は図4-3に示したような大きく2つに分類して捉えると理解しやすい．一方，イノベーションは外部に対しての効果や成果との捉え方や表現が多くある．

語源にもあるように，本来は内部に対し行うものがイノベーションである．また，元々の和訳では「新結合」と表現されており，一般に捉えられている発見・発明というイノベーションの意味より，組合せによる発現といった含意であった．「新結合」，イノベーションを考える上でポイントになることばである．

スポーツにおいても，例えば陸上競技の記録向上には，選手の肉体の進化に加え，走路であるトラックやスパイクシューズの素材・構造のイノベーションが寄与している．多岐にわたる競技種目毎の特性に最適化されたプロダクトに

図4-3　イノベーションの種類

（出所）筆者作成．

よる効用を選手が享受できるのも，イノベーションによるものである．そして，現代のスポーツは新技術や新素材によるイノベーション無しでは語れないほど密接な関係にある．これは，宇宙開発や軍需産業で開発された最先端の技術や素材が，民需に転用される際にスポーツ用品，例えばゴルフクラブやテニスラケット，スキー板等で実用化されることが非常に多いことからも，その関係が理解できるだろう．

経済の国際化に伴うプロダクトの変化

スマートフォンや家電が中国をはじめとする東アジア製ということは，すでに当たり前になっている．スポーツプロダクトもアパレルやシューズ，ボールといった用具に至る多くのプロダクトが海外で生産され，日本に輸入されている．その日本もかつては，主要な生産国として，70年代から80年代にかけてスポーツプロダクトを生産輸出していた時代があった．その中でも有名なのは，最近著作が話題になり，NHKの番組も制作されたナイキとオニツカ（現アシックス）の関係だろう．安価かつ高品質な東アジアの日本で生産，大きな消費地であるアメリカで販売というビジネスモデルである．オレゴンにあるナイキ本社のミュージアムには，当時のオニツカタイガーのシューズが社史の1つとして展示されている．これらは，プロダクトの生産供給の面からの国際化である．この流れは，現在も安価な労働コストによるシフトとして続いている．

一方で近年急速に進んだのが，消費の面を起点にした経済の国際化である．**表4-1**にまとめたように，プロダクトの輸入から個々の消費地（国）での現地化（プロダクトの仕様，現地生産）を経て，複数の経済活動を束ねる世界標準化（グローバルスタンダード）の流れがそれである．そしてその流れは，IoT産業で顕著なデファクトスタンダード（事実上の標準）という現象に見られるように，確実に進行している．

スポーツにおいては，この経済活動の世界標準化にメジャープロスポーツを中心とした選手や団体のイメージ，メジャーブランドや国際大会といったイベントなどのスポーツならではの要素と，ネットによる情報コントロールや販売流通の成長が強く影響することで20世紀後半から加速度的に進行した．その結

第 4 章 スポーツプロダクト 31

果が，ナイキ，アディダスの2大巨大ブランドメーカーの誕生やフランスのデカトロンを筆頭とする多国間に展開する巨大流通グループを生んだ．正確な数字が公表されていないが，アマゾンも事業展開する各国のスポーツ流通において，大きなマーケットシェアを占めており，日本においての取扱高はその商品点数から考え，国内最大規模に匹敵するものと推察される．

表4-1　経済の国際化に伴うプロダクトの国際化

現地適合化 （ローカライズ）	・現地の文化や慣習，法律，宗教といった現地社会上のルール ・現地の住民の人体サイジング ・現地生産での資材調達	**Needs** （より現地市場で使いやすいものに）
世界標準化 （グローバルスタンダード）	・大量生産販売によるコスト低減 ⇒ 企業の収益増大の目的 　消費者の低価格購買の実現	**Wants** （より市場を大きく，より求めやすく）
デファクトスタンダード	・市場競争の中で多くの消費者に支持され，結果的に業界標準 　（世界標準）となった規格や仕様	**Wants ＝ Seeds**

（出所）筆者作成．

2. スポーツプロダクト

スポーツにおける「プロダクト」

スポーツとプロダクトの関係

　古代ギリシャのオリンピックでは，競技者は裸，裸足で競技をしていた．裸，裸足で競技をすることは，公正である証がルールそのものであった時代においては，必須であった．やがて，単に闘いの勝敗を決するだけでなく，競技の記録の優劣やルールの複雑化といったスポーツの進化が起きた．それに伴い，例えば，近代スポーツとしての陸上競技で登場したスパイクシューズは明確に記録向上というスポーツの進化のためのプロダクトとして生み出されたものである．ボールスポーツにおいても，ボールの製造技術の進化が競技スタイルを変え，それがまたプロダクトを変えるという形でスポーツの進化が進行している．

今日のあらゆるスポーツは，それぞれ程度の違いこそあれ，プロダクト無しでは行うことすらできない．例えば，競泳の様にプロダクトの介入がほとんど無いように見える競技ですら，現在の水着やプール無しでは今の記録は望めないであろう．記録そのものさえ，測定不可能である．

このように肉体の進化，競技技術の進化，そしてプロダクトの進化が連動，さらに一体化することによって，スポーツは「進化」，あるいは「分化」しながら不可分の関係で，今日においても発展しているのである．

図4-4に示したように，機能，用途，心理といった主要な進化に関する要素毎に，プロダクトの使用者，供給者，用いられる環境といった各々の関与要素との相互関係により，スポーツプロダクトは新たなイノベーションを取り込みながら，今日も進化し変化している．

一方で，変わらないこともある．スポーツをスポーツたらしめているのは大原則としての「公正性」というルールの存在である．このことは，スポーツプロダクトも同様であり，決して外してはいけない点である．

図4-4　スポーツプロダクトの進化の概念

(出所) 筆者作成．

スポーツプロダクトの特性

コトラーはプロダクトの構造を，そのベネフィット（便益）の特性から3つ

の階層で表している(図4-5).スポーツプロダクトに置き換えてみると,もっとも中核になるのは,スポーツを通じて消費者が得たいベネフィットであり,例えば健康やダイエットがあげられる.次のプロダクトの形態においては,そのベネフィットを実現する手段としてのプロダクトそのものであり,例えばランニングシューズである.最後3つ目の階層は,プロダクトに付随して効果を高めたりするもの,例えばランニングのコーチングアプリといったものがあげられる.

このように,スポーツプロダクトはそのものだけで成立しているのではない.したがって,スポーツプロダクトを生み出すためには,プロダクトそのものに加え,消費者が何を得たいか,その満足度をさらに高めるには何を付随させればよいのかを考慮する必要がある.

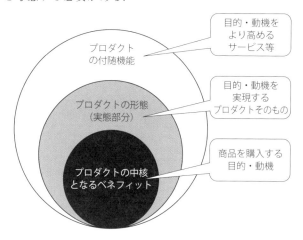

図4-5 コトラーによるプロダクトの3つのレベル

(出所)コトラー[2003]を元に筆者作成.

スポーツプロダクトの種類

スポーツプロダクトは,スポーツ産業を構成する「スポーツ用品」「スポーツサービス情報」「スポーツ施設空間」の3つの核となる産業,市場において,非常に多岐にわたる種類が存在している.次項以降では,その中でも読者に身近な,また企業,消費者とも多いスポーツ用品の分野についてみていきたい.

スポーツシューズ

　その基本は，「誰が，何の目的で，どこで，どのように」履くのか，ということである．当たり前に聞こえるかもしれないが，多種多様なシューズが市場に存在するために，供給側の企業も消費する側もこの基本が押さえられていないことがある．例えば，オリンピックの100mゴールドメダリストが使用しているスパイクシューズが，入部したての中学生にとって必ずしも「良いモノ」とは限らない．むしろ良くないだろう．また，使用する場所，天候といった環境によっても適切かどうかは違うなど，実は適切なシューズを選ぶことは難しい．この難しさは，開発する企業にとっても，消費者にとっても同じである．

　スポーツシューズの役割とは，大きく2つあり，①履く人のパフォーマンスを最大化する（引き出す），②履く人の足を傷害から保護する，というものである．この役割を果たすために，大手ブランドでは，**図4-6**のようにその機能的な基本になる要素を8つに分類して，開発の糸口にしている．シューズと足とのフィット性とシューズが接地する面によってぐらついたりしないなどの接地面との安定性が最重要かつ不可欠とされている．特に，フィット性については，シューズのサイズが非常に細く用意されていることからもその重要性がうかが

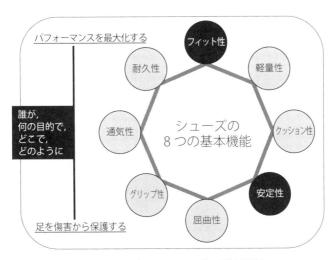

図4-6　スポーツシューズの機能要素

（出所）筆者作成．

い知れよう．

　またこれ以外にも，ナイキのAIR-MAXシリーズに代表される"機能"をビジュアライズ（視覚化）する認知・視覚性といった新しい付加要素がある．この機能を視覚化し，デザイン的な魅力に転化したことで，新たな商品付加価値を持ち，スポーツシューズの市場は一気に拡大した．これにより，競技用の「道具」とファッション「アイテム」の両方でスポーツシューズが支持される現在の市場が誕生することとなった．

■ コラム：シューズにみる最新の生産技術

　アディダス社が「スピードファクトリー」と呼ばれるIoT技術を活用した生産システムを発表した（2016年9月）．本文でも触れたように，これまで生産コストありきで生産地を移転してきたスポーツシューズ産業の中で，生産地を20年振りに本国ドイツに戻すというものである．これは，インダストリー4.0というドイツが提唱するIoTを活用した"現代の産業革命"と呼ぶ生産思想を背景に開発されたものである．現時点では，まだ大きな動きになっていないが，スポーツビジネスにおいても目の離せない大きな潮流になるだろう．

（出所）ビジネス+IT　2016/12/8，2018年12月26日閲覧．

スポーツアパレル

　その基本は，「誰が，何の目的で，どこで，どのように」着るのか，ということである．アパレルは，供給側の企業も消費者もシューズ以上に多様であり，またそのため多種多様なプロダクトが無数に市場に存在する．しかしながら，スポーツプロダクトとしてのアパレルには基本となる不可欠な機能要素を備えている必要がある．

　スポーツアパレルには，①着る人のパフォーマンスを最大化する（引き出す），②着る人の身体環境を快適にする，という大きく2つの存在目的がある．この役割を果たすために，大手ブランドでは，**図4-7**のようにその機能的な基本になる要素をシューズ同様，8つに分類して開発の糸口にし，様々なプロダクトを市場に送り出している．

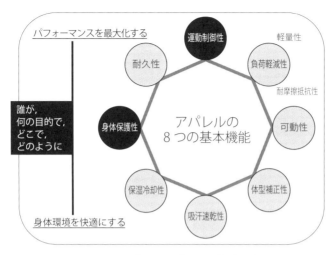

図4-7　スポーツアパレルの機能要素

(出所) 筆者作成.

スポーツアパレルの構成要素

スポーツシューズのようにプラスチックやゴム製のソールといった工業製品的要素が，アパレルには一見無いように見えるため，生地を裁断してミシンをかけるだけで出来上がり，といった単純なプロダクトとして捉えられがちである．確かに，それはアパレル生産の基本であり，そのシンプルさゆえに，開発途上国で真っ先に産業として振興され，多くの市場参入企業が今も途切れることはない．そしてユニクロやギャップといったファストファッション企業が，急伸してきた理由でもある．

一方，近年のスポーツアパレルは，図4-8にあるように繊維（糸），生地（糸加工），縫製（溶着等含む）による複合技術によって，あるべき高機能を培ってきた．その代表例が，着圧（コンプレッション）ウエアである．これは，身体のパフォーマンス向上のための機能ウエアとして開発され，パターンや素材による身体への圧力負荷などの機能性により，身体活動量の低下の軽減・回復，すなわちパフォーマンスアップを目的とした機能性ウエアである．

ワコールが1991年テーピング理論の発想，下着の開発知見からCW-Xのブラ

第 4 章 スポーツプロダクト　37

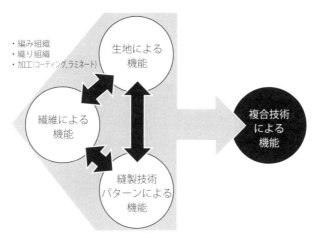

図4-8 スポーツアパレルの構成要素

(出所) 筆者作成.

ンド名で発売,当初は登山愛好家の支持から広まった.その後,イチロー選手をブランドアイコンに起用したことで,高い機能性のイメージを獲得し,その結果アスリートにも急速に支持を拡大した.他方,1998年コンプレッションウエアをアンダーアーマーが発売,野球のアンダーウエアを中心に広がり,現在のツーウエイ素材によるアパレルというジャンルの確立に大きな影響を与えた.

また,2009年頃から従来のパフォーマンスアップ型に加え,各社から休養専用モデルや着圧場所,着圧レベルを変えることでランニング用等の目的別に機能発現するタイプが発売された.現在も用途,シーズン,シーン別に様々なタイプが発売されている.

コラム：アスレジャー

「athletic（アスレチック）＝競技」と「leisure（レジャー）」＝余暇」を組み合わせた造語。2015年、アメリカで人気にフィットネスクラブやヨガスタジオで着るヨガパンツやスポーティなレギンス、タンクトップ、スニーカーなどのスポーツウエアを、普段着として着こなすスタイル。
スポーツブランドをはじめ、ギャップやユニクロといったアパレルブランドがスポーツに参入するきっかけにもなった。

レジャー（ファッション）
個性や感性に合わせて
自分らしさを表現すること
を目的にしたもの

アスレジャー
スポーツ用品の持つ機能性を取り入れ，
個性や感性に合わせて自分らしさを
表現したもの

スポーツ
運動行為に用いることを目的
に，身体と動作・運動環境を
科学して作られたもの

スポーツエクイップメント（用具）の基本

その基本は，「誰が，何の目的で，どこで，どのように」 使うのか，ということである．エクイップメント（用具）は，シューズやアパレルのように直接身に付けるものから，ボールのように複数の使用者がいるようなものまで，一見では一様な基本機能がないように思える．一方で，スポーツの種目の特徴やユニークさは，このエクイップメントによって形作られていると言っても過言ではないといえるだろう．そのため，世界中で大小様々な専門メーカー，ブランドが存在して，その技術を競い合っている．

しかしながら，このような多様性のあるスポーツプロダクトとしてのエクイップメントにも不可欠な機能要素が存在しており，①使う人のパフォーマンスを最大化する（引き出す），②誰もが公平，安全に使用できる，という大きく２つの存在目的がある．この役割を果たすために，メーカーでは，**図4-9**のようにその機能的な基本になる要素を分類して，開発の糸口にし，様々なユニークなプロダクトでスポーツシーンを盛り立てている．

第 4 章 スポーツプロダクト　39

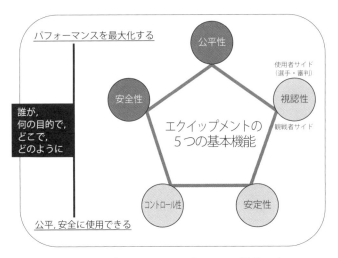

図4-9 スポーツエクイップメントの機能要素

(出所)筆者作成.

> ### コラム：技術の進化によるスポーツの形態の変化
>
> 　ゲームのみならず、建築やさまざまな産業で活用が広がっているVR（Virtual Reality：仮想現実）やAR（Augmented Reality：拡張現実）、そしてそれを可能にする様々なセンシング技術は、スポーツの分野でも活用技術の開発が進んでいることは読者も承知していることだろう。
>
> 　これらの技術によるスポーツ環境の変化は、これまでのスポーツにおけるイノベーションとは比べものにならないほどの変化を引き起こす可能性がある。すでにVRゴーグル着用や多種多様なセンサー技術による動作シミュレーションによる解析は、用品用具の変化だけでなく、選手のトレーニングサポートや、体操における富士通のレーザーセンシング技術による試技の採点といった「スポーツそのものの変化」にもつながる動きが現実になっている。

参考文献

コトラー,P［2003］『コトラーのマーケティングコンセプト』(恩蔵直人監訳, 大川修二訳), 東洋経済新聞社.

ナイト,P.［2017］『SHOE DOG──靴にすべてを．──』(大田黒奉之訳), 東洋経済新報社.

ウェブ資料

「アディダスの全自動工場スピードファクトリーは何がスゴいのか」ビジネスIT（https://
　　www.sbbit.jp/article/cnt1/32964，2018年12月26日閲覧）.

5 sports marketing : the beginning
スポーツにおけるプロダクト開発
――スポーツにおける「モノづくり」の理解――

▼ 1. プロダクト開発の意義とプロセス

プロダクトの開発の意義

現代におけるプロダクト開発は，消費者や企業にとって有益性を持つだけではなく，社会性を持ったものを生み出すことが求められている．開発されるプロダクトが，社会に対して価値をもたらすことができているのかということである．そして，その企業活動についての在り方の考えが，企業の社会的責任：CSR（Corporate Social Responsibility）である．そこには，企業を取り巻く地域住民，従業員や取引先，株主といったステークホルダーの満足度のみならず，企業が社会の一員として果たさなければならない責任といったものが企業活動には欠かせない要件としてあげられている．

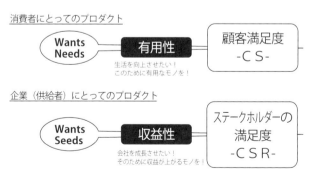

図5-1　消費者，企業にとってのプロダクトの意義

(出所)筆者作成．

プロダクトと社会性

・サステナビリティとフェアトレード

　地球環境の保全活動の面から，持続可能性：サステナビリティ（sustainability）が特に近年重要視されている．地球温暖化対策としての企業活動における二酸化炭素の排出制限などはその代表例である．また企業活動の倫理性の面からは，プロダクトからの適正な利益を得る手段としての取引（特に生産・貿易）がより公平・公正化であるか，すなわちフェアトレード（fair trade）であるかが企業の社会的責任として問われている．

・ユニバーサルデザイン

　サステナビリティに通じる考え方でもあるが，プロダクト開発においては，より具体的な指向性として，ユニバーサルデザインがある．これは，文化，言語，国籍，年齢や性別の違い，障害の有無や能力の差などを問わずに用いることが出来ることを目指したデザインのことである．特に現代のスポーツプロダクトにおいては，不可欠な考えである．

・コンプライアンス

　コンプライアンスとは，企業が事業活動する際に，法律や規則などの基本的な社会のルールを守る，法令遵守のことである．21世紀に入り，日本において多発した大手メーカーによる食品品質偽装，新幹線の重大インシデント，自動車の検査偽装等々の事件は記憶に新しい．そのため，近年特に企業のコンプライアンスが社会から強く問われている．実際，このような事件により当該企業が社会からの信頼を失い，企業体を維持できず解散した事実もある．

　スポーツ産業においても，法令遵守，社会的責任にもとづき，例えばプロダクトを構成する素材選定や工場での生産工程における管理の強化が企業のみならず，国際的なNPOによる企業への監視活動などによって，社会全体でコントロールする形になってきている．しかしながら，コストメリットの高い開発途上の国々の生産工場における未成年の就労について，スポーツブランドのいくつかの企業が不適正であるとの指摘，また消費者から不買運動といった社会的糾弾を受けたことも事実であり，スポーツの持つ原理原則である公正性を体現できているとはいえないのが現況である．

> コラム：サステナビリティとフェアトレード
>
> 　2015年9月、国連サミットで、150を超える加盟国首脳の参加のもと、その成果文書として、「我々の世界を変革する：持続可能な開発のための2030アジェンダ」が採択された。アジェンダは、人間、地球及び繁栄のための行動計画として、貧困や飢餓、エネルギー、気候変動、平和的社会など、2015年から2030年までに達成する目標として、17の目標と169のターゲットからなる「持続可能な開発目標 Sustainable Development Goals（略称SDGs）」を掲げている。
>
> （出所）フェアトレードジャパン公式サイト2019年1月29日閲覧．

プロダクトのライフサイクル

　プロダクトには，人の一生が誕生から死に至るまでの時間の流れと共にあるように，開発によって生まれ，やがて生産供給中止により廃番となるライフサイクルが存在する．**図5-2**は，プロダクトの中でも，市場を創り出すようなイノベーティブなプロダクトの場合はそれが明確である．他方，市場の競合へのフォローやコピー的なプロダクトの場合は，異なったライフサイクルを描くことになる．

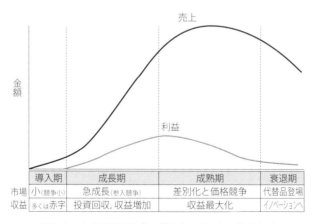

図5-2　市場創造型プロダクトのライフサイクル

（出所）筆者作成．

・導入期

　企業において開発されたプロダクトが，市場に供給された初期段階である．この頃は市場も小さいか全く存在せず，ほとんどの場合は売上も多くは望めない時期である．したがって，企業としても開発に要した投資コストをこの時期に回収することは現実的ではなく，プロダクト単体の事業として多くは赤字である．

・成長期

　市場においてプロダクトが定着し，市場規模と共に売上が急成長する段階である．需要の増大に対応し，販売や生産量も増え，企業活動における費用対効果もよくなり，開発への投資も回収され，企業の利益が増加していく時期である．新規需要＞リピート需要の状態である．

　同時に，市場拡大に対して競合企業も類似あるいは対抗するプロダクトを市場に投入を始めるタイミングでもあり，競争が激しくなる．

・成熟期

　市場において，想定される消費者のほとんどにプロダクトが利用されている段階である．新規需要＜リピート需要の状態である．競合企業間でプロダクトによる差異が少なくなり，市場での生き残りのための差別化に対して，企業による様々な市場における駆け引きが盛んになる．価格競争（市場販売価格，卸価格等）も顕著になり始める時期でもある．ロングセラーと呼ばれるプロダクトは，この段階が長く続いている状態である．

・衰退期

　成熟期で勝ち残った企業のプロダクト以外は市場から撤退，あるいはこれまでのプロダクトに代わる新たなプロダクトの開発が計画される段階である．

企業における基本的なプロダクト関連業務の流れ

　企業におけるプロダクトの開発には，多くのステップが存在する．もちろん，企業やプロダクトの種類によっても異なるが，ここでは最も多い有形財メー

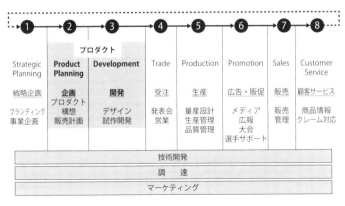

図5-3　基本的なプロダクト関連業務の流れ

(出所) 筆者作成.

カーの事例を取りあげてみていきたい.

　プロダクトの開発は，大きく3ステップあり，① プロダクトの企画 ⇒ ② プロダクトの仕様開発 ⇒ ③ 事業計画の立案の順で，市場へのプロダクトの展開を目指すプロセスである．プロダクトの開発においては，企業の事業活動における原材料の調達からプロダクトが消費者にわたるまでのプロセス，すなわちサプライチェーンと同期させながら遂行していくことになる．

　そのため，プロダクトの開発にはこのサプライチェーンへの理解が必須となる．このサプライチェーンをプロセス全体として最適化へのコントロールをしていく経営手法をSCM（Supply Chain Management：サプライチェーンマネジメント）という．

2. プロダクトの企画

プロダクトの企画の目的と立案プロセス

　プロダクトの企画には，プロダクトを取り巻く環境の変化を読み取り，併せて求められる消費者のニーズを理解する必要がある．そして，その消費者のニーズを満たすことの出来るプロダクトのコンセプトを創造することが企画の目的

であり，開発の要となるステップである．

　企画のプロセスは，以下のような大きく5つのステップで構成されている．この企画で立案された内容が，この後の開発プロセスや企業の事業自体にも影響する重要なものとなる．

　　①環境分析　　　　：開発検討プロダクトの市場環境がどのようになっているか理解する．
　　②開発の意思決定　：環境分析により，開発を進めるべきか，開発するとすればどのように進めるべきかを決定する．
　　③開発テーマの決定：だれにどのようなベネフィットを与えるために，どのような開発テーマにすべきかを決定する．
　　④市場調査　　　　：開発検討プロダクトの市場調査を行い，市場規模や販売予測を行う．
　　⑤コンセプトの立案：開発テーマを元に消費者にも伝わるシンプルな表現でストーリー化を行い，社内関係スタッフに共有する．

プロダクトを取り巻く環境分析

　図5-4のようにプロダクトを取り巻く環境には，その企業の活動に影響を与

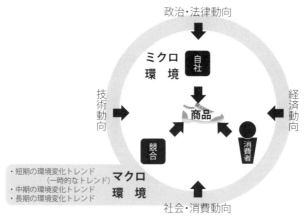

図5-4　プロダクトを取り巻く環境

(出所) 筆者作成．

えるコントロールできない外部の環境であるマクロ環境と，企業の活動次第ではコントロールできる内部（ほぼ業界）の環境であるミクロ環境の2つに大きく分けられる．

マクロ環境分析

マクロ環境分析のもっとも代表的な分析手法として，「PEST分析」がある．以下の4つの分析対象の頭文字をとった手法である．

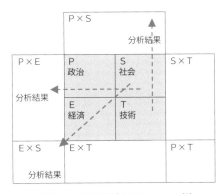

図5-5　PEST分析のフレーム例

（出所）筆者作成．

① Politics（政治的環境要因）
・法律や規制，税制などの国や地方自治体レベルの決定事項が企業に及ぼす影響を指す．
・法律改正（規制の強化や緩和），政権交代など企業ではコントロール不可能かつ，企業活動に多大な影響を与える要因について分析を行う．

② Economics（経済的環境要因）
・景気動向（インフレ，デフレ）や投資環境，国の財務体質を指す．
・GDP成長率の増減や消費の動向，失業率，金利，株価，為替レートの変動などの企業活動への影響を与える要因について分析を行う．

③ Society（社会的環境要因）
・社会環境や消費者のライフスタイルの変化が企業に及ぼす影響を指す．

・文化の変化，人口動態，教育水準，世間の関心，流行などの企業活動への影響を与える要因について分析を行う．

④ Technology（技術的環境要因）
・イノベーションによって，製造工程や製品技術や広告手法，特許などの変化によって企業に及ぼす影響を指す．
・IT技術の発展に見られるような，技術の変化による企業活動への影響を与える要因について分析を行う．

また，PEST分析では，以下のポイントについて留意し，行う必要がある．

・客観的な環境の分析：一般的な環境を分析するのではなく，自社に影響する環境を客観的な視点で分析する
・現在と未来の分析：現在だけではなく，何年（3〜5年）か先の未来を予測する．
・分析のみに留まらない（目的は分析ではない）：環境を分析，理解するのではなく，環境変化に対して何をすれば効果的か，事業に対しての戦略を立て，そして実行しなければ意味が無い．
・実施後の改善：PEST分析にもとづき，戦略を実施し，定期的に効果を検証する．予想した効果が期待できない場合は，何が問題なのか検証し，改善案を実施することが有効である．

ミクロ環境分析

　企業（多くは自社）に対して，自社の内部，業界や市場（消費者，顧客）の影響が，どれくらいあるのかを分析する代表的手法として，かつてはCompany（自社企業），Competitor（競合企業），Customer（顧客）の頭文字を取った「3C分析」が主流であった．しかしながら，20世紀後半以降の市場の多様化やスピードのある変化に対応するため，企業間同士の協力や協業が盛んになったことで，これまでの3Cに「Co-operator（協力者）」を加えた分析が増えてきている．

　スポーツプロダクトにおいても，素材メーカーや研究機関の協働といったこれまでの3C分析では分析し切れない要素が増えており，3C+1Cによる4C分析の重要性が増している．また，個々の要素の分析のみではなく，要素間の相関

表5-1 3C+1C分析の要素例

Company	Competitor	Customer	Co-operator
・経営理念やヴィジョン ・事業や製品の現状 ・資本力(投資余力) ・保有する経営資源 ・ビジネスの特徴　など	・競合各社のシェア ・各競合の特徴 ・参入・代替の脅威 ・業界ポジション ・業界ルール　など	・市場規模 ・市場の成長性 ・顧客のニーズ ・顧客の消費行動 ・顧客の属性　など	・協力企業などのビジネスプロセスや資金力など

(出所) 筆者作成.

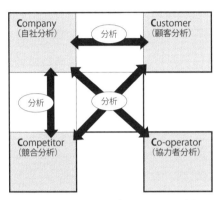

図5-6　3C+1C分析のフレーム例

(出所) 筆者作成.

分析が非常に重要である．この相関分析を行わずして，ミクロ環境分析を行ったとはいえない．

競争分析：5F (Force) 分析

マクロ環境分析を背景に，自社の属する業界やその業界を取り巻く環境変化の可能性について分析する手法である．メーカーといえども自社内だけで，そのサプライチェーンが完結できる産業や企業は，もはやほとんどないといえる現代において，自社のプロダクトをどのように調達して，どのように流通に展開していくか，また業界外からの参入の可能性はないか，などを俯瞰して分析し，把握することで自社を含む業界（産業）全体の事業の見通しを検討する．

スポーツの近年の事例では，ギャップやファーストリテイリング（ユニクロ，

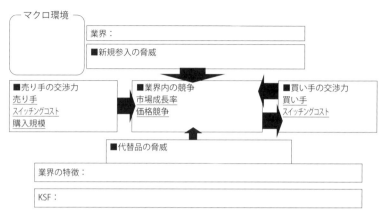

図5-7　5F分析のフレーム例

（注）KSF : Key Success Factors（重要成功要因）.
（出所）筆者作成.

GU）によるスポーツアパレル参入や，大手小売流通企業によるPB（プライベートブランド）による参入といったものが，この分析で想定されるものであった．

また，自社の属する業界の分析に加え，他業界の分析も行うことにより，今後の業界構造の変化に対する自社の新たな取り組みのヒントが得られる場合がある．特に，IT，電機や自動車といった産業分野の動きは産業としてのすそ野が広く，社会への影響も大きいため，分析や観察する意味が大きい．

自社分析：SWOT分析

マクロ環境分析とミクロ環境分析をもとに，自社のおかれている状況を整理，分析して把握するのに用いる．よく「強み」と「弱み」といわれるのは，このSWOT分析のSとWの部分をクローズアップしている．

この分析手法も他の分析手法同様，SWOTの各項目を列記するだけでは分析にならない．強み×機会，弱み×脅威のように各項目を掛け合わして状況分析を行う必要がある．O：機会（チャンス）にどう強みを生かすか，T：脅威（ピンチ）にどう弱みを露呈しないかを的確に判断するための分析である．また，強みが脅威に対して「リスク」に転じ，ピンチになる可能性はないか，現代の

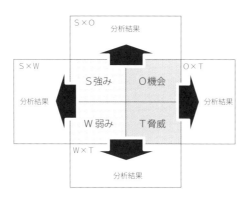

図5-8　SWOT分析のフレーム例

(注) S（Strength），W（Weakness），O（Opportunity），T（Threat）．
(出所) 筆者作成．

スピードのある変化には留意して分析する必要がある．

　スポーツビジネスでは適切な事例が無いが，20世紀後半に世界を席巻していた日本の液晶テレビの優れた生産体制という強みが，韓国をはじめとする最新鋭の設備投資により瞬く間にピンチに陥り，強みが経営の負荷となり，結果として日本のテレビ産業がわずか数社を残すだけになってしまったのは，記憶に新しい．

3. プロダクト開発の意思決定

開発テーマの検討

プロダクト開発の意思決定のプロセス

　プロダクト開発における意思決定とは，環境分析の結果に対して，開発の必要性が高いか低いかを決定するものである．必要性の高い場合とは，環境によるその企業への機会と脅威が高まっている状態のことを指し，その影響の分析によって開発の可否が決定される．この機会とは，環境がその企業の成長や業績向上の機会と想定される状況である．また脅威とは，環境がその企業の成長や業績向上の妨げと想定される状況である．何を機会や脅威と捉えるかは，分

第　5　章　スポーツにおけるプロダクト開発　　53

析の視点や時間軸（短期的，中長期的）などの条件によっても結論は異なる場合
がある．

したがって，分析に対してどのように条件設定を行うか，意思決定における
適した前提条件なのかをしっかりと見極めた上で，開発の意思決定を行う必要
がある．

　開発テーマの検討

何をプロダクトとして開発するか，だれにどのようなベネフィットを与える
のか，そのことを端的に明示したものが開発テーマである．その設定において
よく使われる手順が，開発の対象となる消費者が望んでいること，消費者志向
の考え方をSTP（Segmentation, Targeting, Positioning）によって考察，テーマ設定
する方法である．

STP（Segmentation Targeting Positioning）

・セグメテーション

市場（消費者）を一定の基準で細分化，セグメントして分析することをセグ

表5-2　代表的な基準による市場セグメントの例

人口統計	年齢や性別などの，人口構造による属性の違いを基準にした分類	
地政学	国や地域の地理的，また政治的な違いを基準にした分類	
消費者心理	ライフスタイルや性格など，心理的な違いを基準にした分類	例：観戦型スポーツ消費者 　　SPEEDモデル 人々と交流したい　　（Socialization） 卓越性を求めたい　　（Perfomance） 興奮を求めたい　　　（Excitement） 自尊心を満たしたい（Esteem） ストレスを解消したい（Diversion）
消費者行動	商品の使い方（使用量，使用頻度，使用場所等）の違いを基準にした分類	観戦型スポーツ消費者
		参加型スポーツ消費者 ・組織的スポーツ（リーグ，学校，スクール等） ・非組織的スポーツ（個人での活動）
		スポーツ用品の消費者
		スポーツイベントの消費者

（出所）山崎ほか編［2009］を元に筆者作成．

メンテーションという．各基準によるセグメントを，通常は組み合わせて用いることが多く，各セグメントの総和が市場に対してMECE（モレなくダブりなく）であることが望ましい．

　また，各セグメントを比較評価することで，開発するプロダクトやその企業にとっての価値の算定ができる．

・ターゲティング

　セグメントされた市場を比較評価することで，開発するプロダクトが最も価値の高い，つまり，企業にとって事業成果の高い標的とすべき市場が浮かび上がってくる．ここで，対象市場の選択と集中により，開発しようとしているプロダクトの志向性が設定されることになる．企業の経営資源には自ずと限界があり，すべてのプロダクトのアイデア，すべての市場を対象に開発することは現実的ではない．「選択と集中」により，絞り込む理由がここにある．プロダクトの開発には企業への貢献度の高さによるターゲティングによって優先，実行の可否を見極める必要がある．

・ポジショニング

　ターゲティングによって標的市場を設定した後は，その市場における開発するプロダクトのポジションをどのようにするのか検討することが必要となる．

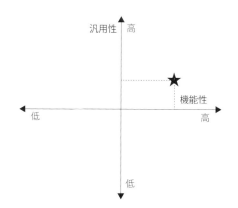

図5-9　スポーツシューズのポジショニングマップ例

（出所）筆者作成．

ここでは，市場の消費者が開発プロダクトをどのように位置付けるかが重要である．よく見受けられるのは，自社のプロダクトの中での位置付けの検討に終始し，市場でのポジショニングと乖離してしまう場合である．

また，実際の検討においては図のようなポジショニングマップを用いることが多いが，この両軸の意味付けをどのようにするか，この設定によっては開発するプロダクトのポジションが逆に曖昧になり，S→T→Pと絞り込みをかけてきた苦労が報われないという結果になりかねない．この点は，留意が必要である．

マーケティング3.0から4.0へ

ここまでみてきたプロダクトの開発テーマのSTPによる検討は，コトラーによるマーケティングの分類でマーケティング2.0と呼ばれる顧客志向にもとづく手法である．STPによって，いかに消費者に自社のプロダクトより優れたものとして理解し購入してもらえるのか，言い換えれば「差別化」を成功させ，消費者を満足させることが最重要なテーマであった．

そして現在，マーケティング2.0の消費者満足とプロダクト（あるいは自社）の差別化を踏まえ，さらに上位概念の「どんな社会をつくるのか」が重要な視点になっている．これをコトラーはマーケティング3.0とし，より人間性が重要

表5-3　マーケティングの変遷：ランニングプロダクトの事例

マーケティング	物を売る 1.0 プロダクト中心	意を伝える 2.0 消費者志向	コトを創る個を高める 3.0　　4.0 価値志向
活動の志向性	プロダクト中心	消費者志向	価値志向
活動の目的	ランニングプロダクトを販売すること	消費者の機能的満足を得，留めること	消費者の精神的満足を得，世界をより良い場所にすること
可能にした力	開発生産技術	情報技術	ニューウェーブの技術
主たる活動コンセプト	プロダクトの開発	企業とプロダクトのポジショニング	企業のミッション，ビジョン，価値
価値提案	機能的価値	機能的・感情的価値	機能的・感情的・精神的価値
コミュニケーション形態	1対多数の取引	1対1の関係	多数対多数の協働

（出所）久保田［2011］・コトラーほか［2017］を元に筆者作成．

視され，精神的な価値や思考などが軸になるポイントとしている．したがって，これまでのプロダクトの使用や利用による単なるベネフィットの提供，「個人的価値」だけではなく，どのような「社会的価値」を実現することができるのか，プロダクトに込められた開発者の考え，メッセージが問われているといえよう．

　さらにコトラーによると，価値志向からパーソナル志向による消費者の自己実現の欲求を満たすことができることを目的とするマーケティング4.0の時代を迎えているとしている．企業と顧客とのプロダクトの共創，ナイキIDやZOZOスーツのような個人毎にカスタム化された無比の価値が求められる時代なのだという．

市場調査

市場調査とは

　企業が市場に供給するプロダクトを成功させるためには，消費者がプロダクトに求めるニーズ・ウォンツを的確かつ詳細に把握し，そのニーズ・ウォンツを満たすプロダクトを開発，提供する必要がある．そのために，商品に関する市場と消費生活の現状や動向などのあらゆる情報を収集，加工分析し，消費者はどのような商品を求めているのかを明らかにすることが市場調査である．

市場調査の内容

　プロダクト開発における市場調査は，以下の目的に応じて行われる．目的をしっかりと定めることなく調査すること，「わからないから，とりあえず調査」では情報を集めることはできても活かすことは難しい．調査の目的は何かを明確にし，調査結果に対する「仮説」立案を行った後に調査を行うことが大切である．

・開発の意思決定

　市場規模の推移や市場の成長性，自社および競合企業の市場シェアと売上高，市場の既存プロダクトに対する消費者の満足度や不満要因など，幅広い視点から売れる可能性を検証する．

・開発アイデアの創出

　企業側が消費者に働きかけることで，消費者ニーズを満たすことができるようなアイデアを得る目的として，生活および購買に対する意識と行動についての調査と消費者の持っているニーズについての調査を行うことが有効である．

　ニーズには，消費者が解決したい生活上の問題を明確に認識している顕在ニーズと十分に認識していない潜在ニーズがあり，特に潜在ニーズを満たすプロダクトの開発は，消費者の高い満足度を得ることにつながり，企業に多大な収益をもたらす可能性がある．

・開発アイデアの評価

　消費者を対象に，開発するプロダクトの持つアイデアの魅力度とその理由，改良希望点などを評価し，把握する．

市場調査の方法

　調査目的を設定することができたら，市場調査に取り掛かることになる．その方法としては，文献調査と実態調査の2つに大別できる．

文献調査

　すでに他者によって調査，取得されて資料化された二次データ（他の目的のために既に収集されているデータ）を利用して行う調査であり，自社の内部で保有しているデータと外部から入手するデータの2種類がある．内部データには，自社の売上などの販売や生産に関するデータ，取引先の顧客データや返品，クレームなどに関するデータなどがある．また外部データには，新聞・雑誌（一般，業界），ネット，書籍といったメディア情報，官公庁やシンクタンクの白書やレポートがある．これらは，無料で利用できるものももちろんあるが，詳細な情報の多くは有料で提供されることが多い．

実態調査

　調査目的に対して，有効な文献資料などが無い場合や文献を元により詳細な

調査が必要な場合，企業は独自に調査を行うことがある．これを実態調査という．実態調査は，定性調査と定量調査の2種類に分けられ，調査目的に応じて単独あるいは組み合わせて調査設計がされる．

また，最近のAI技術の進化により，これまでとは比較にならないビッグデータへの膨大な分析が可能となってきており，今まで気付けなかった結果も発見されている．調査の役割がより高まっているといえよう．

・定性調査（表5-4）

調査の対象者に対して，生活や消費に対する意識とその行動に関する情報を，対面でのインタビューと行動観察から得る調査手法である．潜在化している新しい消費者ニーズや消費者心理的的の発見把握に効果的である．

さらに，最近は機材やAIなどの進化で，これまでの人に頼っていた観察だけでなく，同時に複数の地点での観察が可能になってくるなど新しいアプローチが生まれている．

表5-4　定性調査の主な手法

	種　類	調査場所・手段	特　徴
定性調査	フォーカスグループ インタビュー調査	インタビュールーム　複数名	回答者に会い，直接質問することにより，回答者の応答に応じてより細かい状況や要望を引き出せる手法．
	デプス インタビュー調査	インタビュールーム　電話	特に質問事項は決めず，インタビュー前半は回答者とインタビュアーの信頼関係の醸成に重点を置き，その流れの中でインタビュアーのスキルによって聞き取る手法．
	エスノグラフィック インタビュー調査	現場	インタビュアーが現地に赴き，回答者が商品やサービスを使う行動を直接観察しながらインタビューを行う手法．
	半構造化インタビュー調査	インタビュールーム　電話	予め，大まかな質問項目を準備し，回答者の答えによってさらに詳細に尋ねていくインタビュー手法．
	行動観察調査（商品本体・インターフェース）	現場	観察対象（回答）者と距離を置いて，その行動を調査することで，対象者の自然な行動を把握する手法．

（出所）山崎ほか編［2009］を元に筆者作成．

・定量調査（表5-5）

調査の対象者の意見や考えなど顕在化している情報などを，アンケートを使い定量的な数値化された情報を収集する手法と，ネット利用の習慣性や検索経路などの履歴情報を収集する手法である．サンプリング（スクリーニング）によ

る対象者の抽出を行い，母集団の中から，調査したい条件にふさわしい対象者を選び出す．これらのデータからは，考えや行動に対する消費者の構成や違いが分析できる．

また，調査結果を数値化するために，尺度を設定して分析を行う．この尺度には，**表5-6**のように定性，定量データの種類別に定義して用いられる．

表5-5　定量調査の主な手

	種　類	調査場所・手段	特　徴
定量調査	アンケート調査	郵送・街頭・Web	仮説検証型と現状把握型の2つの調査．目的選択回答式と自由回答式の2種類があり，各質問に対する回答を数値化して分析する手法．
	アクセスログ分析調査	Web	HPや特定のサイトに対するアクセスを解析する手法．

（出所）山崎ほか編［2009］を元に筆者作成．

表5-6　定量調査に用いられる主な尺度

		定　義	例
定性データ	名義尺度	対象を識別するための尺度	性別, 学籍番号, 郵便番号
	順序尺度	順序や大小の関係を測定するための尺度	人気ランキング, 商品の品質等級
定量データ	間隔尺度	間隔や程度の違いを測定するための尺度	商品に対する好ましさの程度
	比例尺度	数値の比による客観的に評価可能な尺度	身長, 体重

（出所）山崎ほか編［2009］を元に筆者作成．

調査データの分析

調査によって収集されたデータは，加工，分析される．その分析には，調査データを構造化して分析する手法である構造化分析手法と統計手法を活用して分析する手法である統計的分析手法の2種類がある．定性的な調査の分析には，データを構造化して分析することが多く，定量調査の分析には統計的手法が使われることが多い．

また定性調査における行動観察調査で，最近多く用いられるビデオ撮影による録画データは，デジタルデータでもある．このデータを利用した定性調査に

よる定量的分析といった，これまでとは異なるハイブリッドな調査分析について，AIを活用した研究が急速に進んでいる．

プロダクトコンセプト
プロダクトコンセプトとは
プロダクトの価値や特徴を表した基本的なポリシーである．プロダクトの開発において，その仕様やデザインなど，開発の内容を規定してしまう最重要な事項である．具体的には，① ターゲット（Who：誰が使うか），② ベネフィット（What, How:どのような価値や便益をどうやって），③ シーン（When, Where：いつ，どのような場面で）の3つの要素を網羅した内容で立案する．

プロダクト開発の主なアプローチ
新たなプロダクトの開発には，次のようないくつかの定型的なアプローチがある．このアプローチを単独あるいは組み合わせることで，新たなプロダクトの開発アイデアの検討が行われる．

- ・既存プロダクトのラインアップ　（シリーズ化による拡充による自社の盤石化）
- ・既存プロダクトのモデルチェンジ（改良改善によるプロダクトのレベルアップ）
- ・既存プロダクトのコストダウン　（原価低減による収益向上，販売価格切下げ）
- ・他社先行プロダクト市場に投入する新プロダクト　　（競合への対抗措置）
- ・新しい需要，市場を創り出す新プロダクト（新規需要開拓による先駆者利益獲得）

商品アイデアの発想
ひらめきで生まれた，というプロダクトも皆無ではないが，多くの場合は様々なアイデアを発想，検討することでプロダクトのコンセプトは構築される．ここでは，多く用いられる発想法をいくつか取り上げて紹介する．

・ブレーンストーミング
発散型思考法とも呼ばれ，あるテーマについて，ものごとを考える筋道や常識，商品の実現性などにとらわれずに自由にアイデアや意見を出し合う方法で

ある．そのルールは，自由な発想，他人の意見への批判禁止，質より量の重視，他人の意見への便乗発展といった発想を取りまとめるよりも広げていくイメージでアイデアを生み出す手法である．

・KJ法

収束型思考法とも呼ばれ，調査で得ることのできた多量の情報やブレーンストーミングでのアイデアをまとめるために，情報を整理集約する手法である．その手順は，情報に対するキーワードを抽出し，カード（ポストイット式が最適）に書き込み，そのキーワードの内容の意図が似たカードをグループ化し，さらにグループ化したもの同士を関連付けグループ化し，その関係を図解化することで，情報の相関性をあぶり出す手法である．

・ペルソナ手法（表5-7）

開発するプロダクトの典型的な消費者を想定して，その人物像（ペルソナ）を消費者調査により設定し，その人物が満足するプロダクトの開発を行ってい

表5-7　ペルソナ手法の例

ユーザー基本情報	名前・年齢・性別	鈴木一郎，43歳，男
	会社名	横浜エレクトリック（株）
	部門，職種	設計部門，エンジニア
	現住所，家族構成	横浜市港北区，4人（妻，娘2人，本人）
ユーザーの特徴	身長：がっちり，最近おなかが出始めている 性格：温厚，誰に対しても優しく接する，明るくオープン 知識：サッカーの事は人一倍知っている 興味：サッカー，ゴルフ，ファッション，instagram	
ユーザーの役割	会社では，エンジニアのグループチーフ 友人の中では，リーダー格 自宅では，男一人で存在感薄い	
ユーザーの目標	業界で，エンジニアとして存在感を出したい 友人と草サッカーリーグを地域で作りたい もっといろいろな人に自分を知って欲しい	
ユーザーの好み	車：プリウスPHV（赤） ファッション：セレクトショップで調達 ビール：エビス	

（出所）山崎ほか編［2009］を元に筆者作成．

く手法である．消費者のプロダクトの利用シーンを局面的に捉えるのではなく，ライフスタイル全般への理解こそがプロダクトの開発に有効とされ，多様化する消費者への対応として近年多く用いられるようになった手法である．

・水平思考法

これまでの論理や常識にとらわれず，様々な視点からアイデアを考えることで，今までに無い新しい発想を生み出す手法である．アイデアの発想の視点として，代表的な発想転換 のキーワードとしては，以下の6つがある．

- ・代　用　　プロダクトの要素を取り除き，別の要素に置き換えること
- ・結　合　　プロダクトの要素を保持しつつ，新たに別の要素を加えること
- ・逆　転　　プロダクトの要素を否定する事
- ・強　調　　プロダクトの要素を極度に拡大，縮小すること
- ・除　去　　プロダクトの要素を取り除くこと
- ・並び替え　プロダクトに関する要素の時間的な前後関係を並び替えること

開発コンセプトのスクリーニング

発想法を活用することにより生まれたコンセプトのアイデアを具体的な開発内容に反映するために，その評価と絞り込みを行う．それには，スクリーニングによる選考を行うことが有効である．スクリーニングの方法には，図式化やアイデアスケッチ等，評価をする消費者も理解しやすい表現で，商品アイデアの特徴や魅力を表現した資料を用いることが多い．

また，スクリーニングは通常，社内や取引先といった関係者内で行われることが多く，市場性（期待売上，期待利益等），開発可能性（商品化の技術的な実現性等），生産可能性（市場投入に必要な量産体制の実現性等），財務能力（投資採算性の妥当性等）について，各アイデアに対する評価が行われる．

さらに，新規市場への新たなプロダクトコンセプトについては，想定する消費者へ，商品コンセプトの理解度，魅力度，購入意向，改良希望点などを市場調査により各アイデアの直接評価を行う場合もある．

第 5 章 スポーツにおけるプロダクト開発　63

表5-8 コンセプトシートの項目例

発売シーズン	商品の要求仕様
商品名	品質（非機能）要求仕様
商品コンセプト	商品仕様の概要
セールスポイント	開発設計上の技術的課題
ターゲット	
ターゲットのニーズ	
商品イメージ・概要	
開発背景	開発日程計画
市場状況	開発組織
販売予測	開発投資計画
競合との比較	販売計画と実行課題
従来商品との比較	生産計画と実行課題
事業機能別方針	アフターサービス計画と実行課題

（出所）筆者作成.

コンセプトシート

　練り上げたプロダクトのコンセプトをもとに，コンセプトシートによるドキュメント化を行う．プロダクトの開発を始める前に開発への要求仕様として，消費者や市場が望んでいる要求（ニーズ・ウォンツ）が何であるかを明らかにし，現実的な実現性を考慮して，「何を開発するのか」というプロダクトの仕様を決定するためである．したがい，このコンセプトシートは，具体的な開発仕様へのインプットであり，開発の進行段階でのチェックにも有効な資料となる．

　盛り込まれる内容としては，① 機能要求として，プロダクトが果たすべき基本的役割はどのようなものか（本体の機能や操作性等），② 品質要求（非機能要求）として，プロダクトが実現する機能がどのような品質か（信頼性，質感，ユーザビリティ，セキュリティ等）といった大きく2つの内容の記載が必要である．

プロダクト仕様書

　プロダクトの開発を進めていく上で，コンセプトシートにもとづき開発の各段に応じて，プロダクト仕様書を作成する．この仕様書をもとに，部門間の伝達を実施し，情報伝達の効率・精度アップを図り，コンセプトに沿ったプロダクト創りが行われるのである．

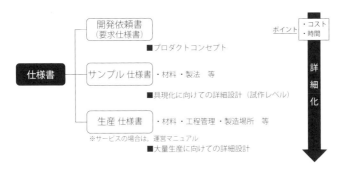

図5-10　仕様書の種類とその概要

(出所) 筆者作成.

　今日の企業組織は，業務の分業が進み，ともすれば「分担」業務のみをこなすセクショナリズムによる業務遂行が起きやすい．プロダクトの開発は，企業内（外）の一部門だけではなく，複数の組織，関係者があたかも1つのチームのごとく協業し，全体最適により進めるものである．

　したがって，望むプロダクトを市場に送り出すには，このようなセクショナリズムは排除すべき開発への障害である．このような事態に陥らないためにも，関係者が開発内容を相互に伝達し共有するために，プロダクト仕様書は重要な資料である．プロダクト仕様書には，開発初期のプロトタイプ（試作品）開発段階からはじまり，コスト，設計や製造技術といった生産に向けた各確認要件に応じて，各種の仕様書を用意する．

プロトタイピング

　プロトタイピングとは，プロダクト仕様書にしたがい，各開発段階でできあがったプロトタイプ（試作品）を用いて，各種のテストを実施してプロダクトの品質向上を図るプロセスである．プロトタイプに対して，本体の仕様上，使用上，製造上，物流配送上や原価上などについて分析評価を行うことで，問題点の発見と改善を行う．

　同時に，消費者の満足度などを確認するために，実際の消費者に対して使用テストや官能テストを行う場合もある．官能テストとは，人間の知覚による評

価であり，スポーツプロダクトでよく行われる事例としては，シューズや用具の着用テストによるものがある．

また，市場におけるターゲットとした消費者のプロダクトへの反応を評価するために，テストマーケティングと呼ばれる限定的（地域，流通など）販売を実際に行う場合もある．この評価によって，消費者のプロダクトの受容性の確認や市場への本格展開の需要予測も行われる．ただし，新しいプロダクトの情報を公開してしまうリスクやコストと時間を要する手法である．

このように消費者が満足する「価値」を可能な限り高め実現するとともに，新商品の市場での成功の可能性を増加させる目的でプロトタイピングを要求基準に達するまで行い，プロダクトの完成度（コンセプトのゴールイメージとの合致）を追求するのである．

参考文献

久保田正義［2011］『コトラーのマーケティング3.0に学ぶスポーツマーケティング入門』秀和システム．

コトラー,P., カルタジャヤ,H., セティアワン,I.［2017］『コトラーのマーケティング4.0』（恩蔵直人監訳），朝日新聞出版．

仲澤眞・吉田征幸編［2017］『よくわかるスポーツマーケティング』ミネルヴァ書房．

西川英彦・廣田章光編［2012］『1からの商品企画』中央経済社．

山崎和彦ほか・日本インダストリアルデザイナー協会編［2009］『PRODUCT DESIGN――商品開発に関わるすべての人へ――』ワークスコーポレーション．

和田充夫・恩蔵直人・三浦俊彦［2005］『マーケティング戦略』有斐閣．

ウェブ資料

「フェアトレードとサステナビリティ」フェアトレードジャパン（https://www.fairtrade-jp.org/about_fairtrade/sus.php，2019年1月29日閲覧）．

6 sports marketing : the beginning
マーケティング戦略の立案
——事業戦略の要, マーケティング戦略の理解——

1. 事業戦略

　企業の「未来」を見通すものとして,「事業戦略」というものがある. これは社内へ事業の方向性を示すと同時に, ステークホルダー（経営, 株主, 金融機関, 地域社会）からの承認や支援のために立案するものである. その内容としては, マーケティング戦略（需要を想定し, 販売・コミュニケーション体制の準備）, 財務戦略（需要の想定に基づく投資調達体制の準備）, 組織戦略（需要の想定に基づく人員, 組織体制の準備）, 生産戦略（需要の想定にもとづき, どのくらいの生産能力や原材料等の調達をするのか）といった内部環境に関する4つの戦略と企業の外部環境の分析による事業の方向性という内容から構成されている.

　その中で, マーケティング戦略は, プロダクトの開発という長い時間を要する, すなわち企業にとってもっとも未来の内容であることから, 企業の事業の方向性に対して大きな影響を持つ戦略といえる. 本章では, このマーケティング戦略についてみていきたい.

2. マーケティング戦略

マーケティング戦略とは

　ターゲットとする市場の消費者に効率よく商品を販売するための戦略であり, 第5章のプロダクト企画書をもとに, 市場での需要を想定し, その実現に向けて必要とされる項目の「価格」「流通・物流」「プロモーション」の各計画を立

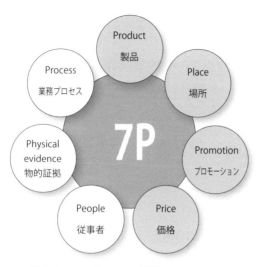

図6-1　マーケティング戦略の7P（4P＋3P）

（出所）筆者作成.

案する，というのが大きな流れとなる．

　マーケティング戦略は，マーケティングミックスとも呼ばれており，**図6-1**に示した7つの要素によって組み立てられる．かつて有形財がプロダクトの主流であった時代は，この要素は4Pと呼ばれていたProduct，Place，Promotion，Priceをどう組み合わせるかという考えで立案されていた．プロダクト中心のマーケティングである．しかしながら，現在のようにプロダクトに付随するサービス，あるいは無形財であるサービス単体なども，消費者が比較し，評価，購入の対象とする時代となり，これまでの4Pだけでは必要な戦略が立てられなくなった．そこで，新たにサービスマーケティングの視点の要素である3PのProcess，Physical-evidence，Peopleを加えたのが，現在の7Pによるマーケティング戦略である．

　この7つの観点から，「価格」，「流通・物流」，「プロモーション」の各計画を立案していくのである．

価格戦略
価格の設定

　市場における競合状態や自社の市場シェアにより，価格の設定の方向性は異なる．市場独占に近い状況では，商品にまつわるコストに，必要な利益を上乗せして設定する「原価積算型」，競争が激しい場合は，競合する商品の価格を参考にした「競争対応型」の価格設定が用いられる．また拮抗した競争状態や新規商品の展開の際には，予め市場が受け入れる価格を予想し，想定顧客が値ごろ感を感じるような価格設定である「需要対応型」を用いることが多い．どの価格設定を用いるかで，需要量は大きく異なるため，この価格設定は，事業戦略上の基礎情報である需要量予測に対して，重要な意味を持っている．

　また，本章の後半にふれる販売チャネルの違いによっても，価格設定の条件は異なる．よくある事例としては，ペットボトル清涼飲料水の価格である．コンビニとスーパーで大きく異なるが，それでも必要に応じて全く同一のものを違う価格で購入した経験は読者もあるだろう．

新規プロダクトの価格戦略

　全く新しく市場展開するプロダクトの価格の設定には，大きく2つの価格戦略がある．価格にこだわりのない高所得者層をターゲット市場とし，商品の導入段階において，上限価格に近い高価格に設定する「スキミング・プライス」戦略と後発の市場参入である場合や，一気に市場定着を図りたい方針の場合に

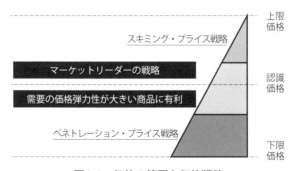

図6-2　価格の範囲と価格戦略

（出所）仲澤・吉田編［2017］を元に筆者作成．

は，思い切った量産体制や大量の資材調達を実行し，下限価格に近い低価格に
設定である「ペネトレーション・プライス」戦略を取る．

品質と価格戦略

高品質＝高価格というのが，プロダクトの生産原価からの価格設定や消費者
が理解している一般的な品質と価格の関係である．しかしながら，この関係に
拠らないプロダクトの価格設定が行われる場合もある．品質に比較しての値ご
ろ感を出し，市場シェアを一気に獲得する戦略やプレミアムな高価格によりブ
ランドのイメージ向上を図るなどの例がある．また，一時的な採算性を度外視
し，競合企業が参入できない市場環境を作り出すという戦略に用いられること
もある．

このように価格が，プロダクトの品質や原価を元に単に設定すればよいので
はなく，プロダクトの市場における戦略により設定すべきであるといえる．

表6-1　価格レンジと価格戦略

		価格		
		高	中	低
品質	高	プレミアム戦略	高品質戦略	過剰品質戦略
	中	過剰価格戦略	平均的戦略	値ごろ戦略
	低	社会良識に反する戦略	見せかけの戦略	安売り戦略

（出所）山崎ほか編［2009］を元に筆者作成．

心理的価格設定

これまでの価格設定は，供給側の企業の市場戦略にもとづくものであるが，
この価格設定は消費者の価格への反応に拠るものである．

例えば，専門性の高い特定の競技用のプロダクトにおいては，高い価格をつ
けた方が品質の評価（ステータス，価値）が高まることで，その販売に好影響を
与える場合がある．もちろん，そもそも少ない競技人口に対して少量の生産量，
というコスト的な要因で高価格になりがちではあるが，それ以上の価格設定が
されている場合が多く見られる．このような価格設定を，プレステージ価格や

プレミアム価格という．

一方，消耗品や汎用用途のプロダクトでは，¥98，¥980など，¥100や¥1000より，より安価な価格設定の印象を与え，購入を促す価格設置もある．このような価格設定を端数価格という．

また，自販機のスポーツドリンクや水の価格など，購買の慣習上において消費者の意識にほぼ定着している価格慣習価格という価格設定もある．この価格は，多少の価格の引き下げでは売上の増にならない反面，値上げによる売上の減は大きいという特徴を持つ．

需要の価格弾力性

プロダクトの価格あるいは消費者の予算（所得等）の変動によって商品（サービス）の需要や供給量が変化する割合を価格弾力性という．「需要の変化率÷価格の変化率の絶対値」で表され，この値が1より小さいと「価格弾力性が小さい」とされ，1より大きいと「価格弾力性が大きい」とされる．価格弾力性が小さいと，価格を変更しても需要量には大きな変化が無く，弾力性が大きいと，価格を変更する需要量が大きく変化する．一般にテーピングなどの消耗品などの日用品や必需品は価格弾力性が大きく，専門用具などは価格弾力性が小さいといわれている．

例えば，N社ブランドのNBA選手シグネチャーのTシャツが，原材料と人件費の高騰で大幅な値上げ（¥2500 ⇒ ¥5000）をしたところ，月間の売り上げ

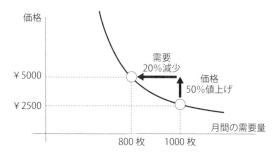

図6-3　需要の価格弾力性の例

（出所）仲澤・吉田編［2017］を元に筆者作成．

第 6 章　マーケティング戦略の立案　　71

枚数が 1000枚 ⇒ 800枚 に減少した．このTシャツの価格弾力性は，800
÷1000／5000÷2500＝0.4＜1 なので，価格弾力性は小さいといえる．

流通戦略

流通チャネルの種類

　プロダクトの流通チャネルには，メーカー ⇒ 代理店（問屋）⇒ 小売業者 ⇒
消費者のように，流通業者を介して販売されるチャネル「間接型チャネル」と
メーカー⇒消費者とダイレクトに販売するチャネル「直接型チャネル」に大別
される．間接型チャネルとしては，スポーツ用品専門店，百貨店，ディスカウ
ントストア，ホームセンター，スーパー，靴店，アパレルショップ，通信/カ
タログ専売，ネット専売などの多くの小売業態がある．この間接型チャネルには，
仲介となる流通業者を特定せず，広範囲の小売店を通じて，より多くの消費者
に多くの流通業で販売する開放型販売チャネル，開放型と排他的流通の中間
メーカーが設定した基準を満たす流通業者に限定した選択的販売チャネル（例
コンビニ限定），仲介となる流通業者を絞り，特定の流通業者のみでブランドや
商品の劣化（価格等）の管理を伴い販売する排他的販売チャネルといった，い
くつかの流通戦略のボリエーションがある．

　対して，直接型チャネルとしては，ネットやアウトレット含むメーカー直営
店以外に，メーカーの負担が軽く，市場での多店舗化が可能なフランチャイズ
といった業態がある．スポーツ流通では事例は少ないが，靴流通では多く見ら
れる販売戦略である．

流通チャネルの選択

　同一あるいは同質のプロダクトにおいて，チャネルによって消費者に与える
イメージが大きく変わる場合がある．そのため，チャネルに合わせた価格設定，
パッケージ，商品名，場合によってはブランドも専用の設定をし，チャネル毎
に最適化する必要性が高くなっている．これは，消費者が同じプロダクトを複
数のチャネルでの比較，特にネット情報によって敏感になっていることが影響
している．特に価格について，非常に顕著である．

流通における需要量の設定

　消費者は，プロダクトそのものに対する目的／用途だけでなく，購買の利便性などによっても購買チャネルを選択している．前述の販売価格や手元に届くスピードや保証の有無といった付随的要素も含めてチャネル選択を行っているのが現在の消費者である．特に，近年のネットによる取引の進化増加により，消費者の購入行動の変化チャネル構造も多様化複雑化しており，チャネルの設定やその需要の推計が困難になっている．オムニチャネルのようなチャネルの複合化戦略はその現れである．

　しかしながら，プロダクトのターゲットである消費者の購買行動も踏まえ，どのチャネルでどれくらいの需要（＝販売）を見込めるか計画を立案する手法や，この設定された需要量が，マーケティング計画全体はもちろん，財務計画や生産計画といった事業戦略の基盤となることには変わりはない．

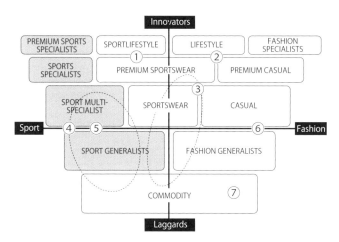

①CORNERS　②ユナイテッドアローズ　③ABCマート　④スーパースポーツゼビオ
⑤スポーツデポ　⑥ユニクロ　⑦GU

図6-4　日本におけるスポーツ関連チャンネルのセグメント例

（出所）筆者作成．

プロモーション戦略

プロモーション

　消費者（市場）は知らないプロダクトを，決して買うことはない．ここに広告の必要性がある．消費者は，そのニーズ・ウォンツを満たす商品購買を求め，プロダクトを扱う企業は，その開発を成功させるため，その両者を効果的にマッチングさせるのが広告の目的である．広告は，企業が効果的に商品の知名度をあげるためと考えがちだが，広告には消費者が効率よく求めるプロダクトに出会う（購売する）ためとしての存在意義もある．

　目まぐるしく変わる社会的また経済的要因により，消費者の価値観は多様化し，ライフスタイルも多様化している．消費者の求める「価値」，また「購買行動」は，その変化のスピードをますます高めている．スポーツビジネスも多様化する中で，スポーツプロダクトも例外ではない．スポーツの持つ「経験（experience）価値」をどのように表現し，伝えていくのか，それをプロモーション戦略が担っている．

メディアミックス

　種類の異なる広告メディアを組み合わせて，商品やサービスを訴求する広告手法である．異なるメディアを組み合わせることにより，各メディアではカバーできない対象者や弱点を補完し，広告効果を引き上げる狙いで用いられる手法である．TVのCMを除くと，これまでの広告表現は静止画中心であったが，ビデオ技術やネットの投稿動画などの活用が進んだ影響で動画中心のメディアミックスが増加している．これにより，企業側である発信者視点での広告内容から，消費者に合わせたカスタマイズや消費者からのオンデマンド型へ，とその内容も変化していっている．

　特にスポーツにおいて特徴的なのは，やはり選手ユニフォームである．かつては競技規則によって多くの表現に関する制限があったが，むしろ現在は活動資金獲得の方法として積極的な利用がされ，他のメディアとの相乗効果での活用が行われている．

プロモーション ミックス

販売促進として用いられている様々な手法を，相乗効果を狙い有効に組み合わせることである．スポーツにおいては，特に「経験 (experience)」を重視した手法が重要であると同時に，特徴的である．スポーツイベントを核にした複合的な体験型施策はその典型的なアプローチといえる．

プロモーション活動を利用することで，消費者に商品を欲しいと思わせ，購買に引き寄せる戦略や，純粋な広告ではないパブリシティとして，マスコミに「記事 (情報)」として取り上げてもらうようなメディアへの消費者の持つ信頼性を利用した手法がある．これらを「プル戦略」と呼んでいる．また，メーカーが販売員の派遣や流通業者へのインセンティブとしてリベートなど用い，販売したいと思うような動機付けを流通業者に促すことで，プロダクトを消費者に訴求する手法があり，これを「プッシュ戦略」と呼んでいる．

参考文献

仲澤眞・吉田征幸編 [2017]『よくわかるスポーツマーケティング』ミネルヴァ書房.

山崎和彦ほか・日本インダストリアルデザイナー協会編 [2009]『PRODUCT DESIGN――商品開発に関わるすべての人へ――』ワークスコーポレーション.

和田充夫・恩蔵直人・三浦俊彦 [2005]『マーケティング戦略』有斐閣.

7 *sports marketing : the beginning*
地域におけるスポーツ市場

▼ *1.* 「コミュニティ」という考え方

　デジタル化が進む世界は，マーケティング4.0時代へ突入したと言われている［コトラー，カルタジャヤ，セティアワン 2017：74］．一般のマーケティング分野では，時代の流れとともにマーケティング・アプローチは以下の通り変遷を遂げてきた［コトラー，カルタジャヤ，セティアワン 2010：16-19］．産業革命によってモノの大量生産が可能になったマーケティング1.0の時代では，規格化された製品や商品を大量生産して生産コストを下げ，物質的ニーズを持った顧客に対していかに幅広く販売するかという「生産中心のマーケティング」が展開されていた．次に，情報化によって顧客が十分に情報を持つことが可能になったマーケティング2.0の時代では，「顧客中心のマーケティング」が展開され，企業は顧客の幅広い選択肢の中からいかに自分たちを選んでもらうかが重要であると考え，他者との差別化が盛んに行われるようになった．さらに，経済危機や環境破壊など，様々な社会経済の急激な変化が訪れたマーケティング3.0の時代には，企業は顧客のニーズを把握し満足を得るだけにとどまらず，顧客を全人的存在ととらえ，社会にとってよりよいことを顧客とともに共創していく「価値主導（人間中心）のマーケティング」が展開されている．コトラーら［2010：19］が，これらの時代における価値提案の変化について，機能的価値（1.0）→機能的・感情的価値（2.0）→機能的・感情的・精神的価値（3.0）と表現するように，人は物の豊かさから心の豊かさを求めるようになっていることが分かる．そして，ソーシャル・ネットワーキング・サービス（SNS）やモノのインターネッ

ト化（IoT），人工知能（AI）などが発達しているマーケティング4.0の時代では，離れた場所にいる顧客同士の交流が容易となり，幅広いネットワークとつながることができるようになる．顧客は自己実現を求め，同時に他者との共感を求めるこの時代では，企業は顧客とのオンライン交流はもちろんのこと，オフライン交流も一体化させていくマーケティングが必要とされる．企業は，顧客同士が構築する「顧客コミュニティ」の承認を得ることを重要視しなければならないのである［コトラー，カルタジャヤ，セティアワン 2017：74-88］．

　日本では，2016年に政府が発表した「第5期科学技術基本計画」において，「世界に先駆けた『超スマート社会』の実現（Society5.0）」という取り組み目標が発表された［内閣府 2016］．これは，狩猟社会（1.0），農耕社会（2.0），工業社会（3.0），情報社会（4.0）に続いて定義された社会のとらえ方であり，超スマート社会（5.0）では，更なる科学技術の進化による新たな価値創出が期待されている．前述したマーケティング1.0～4.0はおおよそ，このようなSociety3.0～5.0の社会変革の中で段階を追って発展していることが理解できるだろう．超スマート社会とは，「必要なもの・サービスを，必要な人に，必要な時に，必要なだけ提供し，社会の様々なニーズにきめ細かに対応でき，あらゆる人が質の高いサービスを受けられ，年齢，性別，地域，言語といった様々な違いを乗り越え，活き活きと快適に暮らすことのできる社会」を指す［内閣府 2016］．つまり，これから来たる社会では人々の価値観がさらに多様化していき，マーケターがマーケティング4.0において理解すべき顧客コミュニティの様相も，今後ますます複雑さを極めていくことが考えられる．

　さて，スポーツマーケティングにおいても，このように視座を高めて社会の流れを把握した上で，「スポーツ組織がターゲットとする顧客は誰なのか」を常に問い続けることが不可欠である．自分たちにとっての「顧客コミュニティ」とは誰を指すのかを理解していなければ，マーケティングは機能しないのである．それを踏まえ，まずは私たちが普段から何気なく使用している「コミュニティ」という言葉や概念について整理したい．

　コミュニティは，ラテン語のコミューニース（communus）という言葉が語源であり，「com」は英語の「with」，「munus」は英語の「service」「duty」にあ

たるとされていることから,「共同の貢献」や「一緒に任務を遂行すること」を意味していると言われている［鈴木 1986］．コミュニティ研究の第一人者であるアメリカの社会学者マッキーバー［2009］は,「地域性」と「共同体感情」がコミュニティの基礎であるとし，特定の興味や関心を追求するために組織されたコミュニティを「アソシエーション」として対比した．また，Hillery［1955］は数ある文献を整理し,「社会的相互作用」「地域」「共通の絆」がコミュニティの共通項であるとした．Gusfield［1975］は，コミュニティは，地理的概念をもつ「領域的コミュニティ（近隣，村，町，都市，国など）」と，領域や場所に関係なく人々の関係性だけでつながる「関係的コミュニティ（趣味，宗教など）」の２つに区別できると主張した．さらに,テンニエス［1957］は歴史の変遷を「ゲマインシャフト（地縁や血縁，友情で結びついた自然発生的コミュニティ）からゲゼルシャフト（利益や機能を第1に追求した作為的コミュニティ）へ」という言葉で表したが，人々は特定の地域コミュニティで生活すると同時に，様々な関係的コミュニティに所属しているのである．そして，時代とともに後者のつながりが増えてきていることも理解できる．近年ではインターネットやSNSの普及などにより,この関係的コミュニティが絶えず無数に生まれていると言ってもよい.人々の集合体としてのコミュニティは，それ自体の性質や，共同の絆の内容によって捉え方は変化するのである（**図7-1**）．

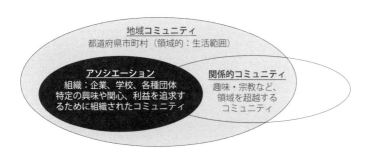

図7-1　コミュニティ概念のまとめ

（出所）Hillery［1955］，Gusfield［1975］，マッキーバー［2009］を参考に筆者作成．

第　7　章　地域におけるスポーツ市場

地理的コミュニティは，広義では国を意味することもあれば，狭義では都道府県，さらに狭くなると近所づきあいをする生活圏ととらえることができるだろう．その中にある関係的コミュニティ（アソシエーション）は，学校や，地域に軸足を置いて活動する企業などが挙げられる．また，領域を超越する関係的コミュニティとしては，趣味や宗教など，共通の絆（テーマ）さえあれば「お互いがつながっている実感」を感じられる共同体を指す．オンラインゲームなどでは，世界中の人々が自分の好きなゲームを共通の絆としてつながり，顔と顔を突き合わせなくても会話ができ，連帯感を感じられるような関係的コミュニティが形成されるようになった．

ここまでを整理すると，多くの学者によって研究されてきたコミュニティという概念自体に一義的な意味はなく，文脈や使う人によってその規模や形態が変わってくるものであることがわかる［金子・玉村・宮垣 2009］．よって，コミュニティという言葉を使う際には，どういったコミュニティを指すのかをはっきりと明示することが必要であろう．

◤ 2. スポーツとコミュニティ ◢

コミュニティの考え方をスポーツの文脈に置き換えてみると，例えばプロスポーツだと，NPB（日本野球機構）のセ・パリーグに所属する球団やJリーグ（日本プロサッカーリーグ）・Bリーグ（ジャパン・プロフェッショナル・バスケットボールリーグ）に所属する各クラブは，特定の地域をホームタウンとしてホームタウン内のスタジアムを拠点にして活動をしていることから，地域コミュニティの中にあるアソシエーションと位置付けることができる．そして，そのスタジアムで試合を開催した時に観戦に訪れるファンの人々は，「チームやクラブ」を共通の絆とみなした，いわゆるファンコミュニティ［仲澤・吉田 2015］という関係的コミュニティに所属していると考えられる．ファンコミュニティは，今やスタジアムだけでできあがるものではなく，SNS上などでも盛んに交流が行われ，場所を問わず確立されている側面も持っている．それが組織化されたファンクラブ会員組織などは，「領域を問わないアソシエーション」であることも定義

できるだろう．一方で，この場合の地理的コミュニティは，スタジアム周辺に住んでいる，もしくはホームタウンに住んでいる住民全体を指すことになるだろう．同じように，地域でスポーツ機会を提供する総合型地域スポーツクラブを例に挙げると，総合型地域スポーツクラブは「地域住民によって主体的に運営される」ものであることから，地理的コミュニティとその内部にあるアソシエーションのちょうど間のような存在だと考えられる．ここには，細かく言えば地域を飛び越えて関係している人もいるかもしれないが，基本的には地域の中だけですべてのことが完結する．また，企業がチームを保有する実業団スポーツの文脈においては，アソシエーションの中，つまり地元の地域コミュニティを軸にした親企業というアソシエーションのさらに中に位置していることとなる．この場合，実業団スポーツチームの顧客は親企業の従業員であり，その外に開く地域でもあるととらえることができよう．市民マラソンなどのイベント主催団体は，開催地域コミュニティ内にあるアソシエーションであり，同様に多方面から参加する参加者同士は，ゆるやかな関係的コミュニティを形成していると言える．

　スポーツマーケティングはMullin et al. [2007] の定義によると，「交換過程を通じてスポーツ消費者のニーズと欲求を満たすように設計されたすべての活動」であるとされている．すなわち，この場合のスポーツ生産者は，主にアソシエーションと言われるプロスポーツチームであったり，総合型地域スポーツクラブであったりする．彼らが，スポーツ消費者，つまり地域住民やファンコミュニティ，参加者コミュニティのために，自らの持つスポーツプロダクトの価値を高め，それぞれの場面においてニーズや欲求を満たすように設計していくことが，ここでいうスポーツマーケティングの目指すべき姿である．

　もう少し視座を高く保ったまま，次にスポーツと地域コミュニティの関係を見ていこう．堀ら[2007]および東京市町村自治調査会[2017]は，スポーツの様々な活用タイプによって，地域コミュニティに経済的効果・社会的効果を提供することができるとし，それぞれのタイプと効果の対応表をまとめた（**表7-1**）．

表7-1　スポーツ活用タイプと地域活性化効果

タイプ ＼ 効果	個人効果		社会的効果								経済的効果		
	余暇への対応効果	健康増進効果	社会的包摂性醸成効果	コミュニティ形成効果	地域アイデンティティ醸成効果	情報発信・シティセールス効果	他地域との交流促進効果	人材育成効果	まちづくり組織育成効果	ハード整備効果	スポーツビジネスによる経済効果	観光消費効果	スポーツ関連産業創出効果
①プレイ型	◎	◎	△	△	○			○			○		
②ホームタウン型				◎	◎	◎		○	○	○	◎	△	○
③イベント開催型					◎	◎	◎	○	○	○	△	△	
④支援型			○	○			○	○	○				
⑤スポーツリゾート型												◎	△
⑥キャンプ・合宿型					○	○	○			○		◎	
⑦スポーツ関連産業型													◎

◎：効果大，○：効果あり，△：効果がある可能性あり

（出所）公益財団法人 東京市町村自治調査会「多摩・島しょ地域におけるスポーツを活用した地域活性化に関する調査研究～スポーツコミッションの機能に着目して～報告書」.

　①プレイ型は，地域住民がスポーツを「する」ことを基本としたものであり，それが促進されると主に住民の余暇時間の有効活用や健康増進につながることが期待できる．②ホームタウン型は，地域にトップチームを誘致することを基本としたものであり，地域住民がチームを応援することによるコミュニティ形成，地域アイデンティティ醸成，情報発信などの社会的効果のほか，スポーツビジネスが活性化されることによる経済効果や，場合によってはスタジアムやアリーナ改修などのハード整備にも効果が期待できる．③イベント開催型は，大規模な国際大会から全国レベルの国民体育大会，さらには小規模の地区大会や地域ベントなどを開催することを基本としたものであり，住民には地域アイデンティティの再確認や情報発信，他地域との交流促進が期待できる．オリンピックなどの大規模な大会であれば，ハード整備効果も期待できるであろう．④支援型は，地域で開催されるスポーツイベントなどにおいて，地域の住民・行政・企業などが人的・物的・金銭的・情報支援を行う，住民参加・ボラ

ンティア型を基本としたものであり，コミュニティ形成や，多様性の理解，人材育成，まちづくり組織育成などの効果が期待できる．⑤スポーツリゾート型は，自然環境を活かしてスポーツをする場や宿泊・飲食施設を提供していくことを基本としており，域外からのスポーツツーリスト誘致による観光消費効果のほか，地域住民にとっては他地域との交流促進などの効果も期待できるものである．⑥キャンプ・合宿型も同様に，気候や既存施設などの資源を活用し域外からスポーツツーリストを誘致することを狙いとしたものである．⑦スポーツ関連産業型は，スポーツを地域の既存産業に結び付けることによって，スポーツ関連産業を創出することを基本としている．このようにスポーツは，その活用タイプを見極めることにより，地域コミュニティに様々な効果をもたらすことができると理解されてきており，多くの場合，「良いもの」として扱われているのが普遍的な見解である．しかしそこには，実は反論もあるということを理解しておかなければならない．

　イギリスのスポーツ社会学術論文誌 *Sport in Society* では，2014年に "Sport and Communities" という特集号が組まれた．その冒頭においてHassan[2014]は，スポーツがコミュニティに対して良い効果を与えるということは，事実として誇張されている可能性が高いことを指摘した．Nicholson et al.[2014]は，スポーツを実施しているコミュニティと，それ以外のコミュニティを対象とした比較研究の中で，ソーシャルサポートの認知の差が無かったと主張し，そこでもスポーツの有用性が低かったことを示唆している．さらに，その他のスポーツ政策をまとめた書籍の中で，Long and Sandarson [2001：200] は「スポーツのためのスポーツはもはや価値を持たない」という指摘をしており，スポーツマネジメントの文脈においても，Chalip [2006] は，スポーツはコミュニティのためにデザインされなければ意味がない，という主張をしている．

　地域コミュニティを顧客，つまり地域のスポーツ市場ととらえるのであれば，「する」「みる」「ささえる」スポーツがあらゆる場面において広がっていることがわかる．これらを踏まえた上で，アソシエーションの立場にいるスポーツマーケターは，「自分たちの立ち位置」を理解し，顧客コミュニティが誰なのかを明確にしながら戦略を実行していく必要がある．スポーツのためのスポー

ツ，スポーツ愛好家のためのスポーツ，といういわゆる「スポーツ村」の中だけでの視野では，決してスポーツプロダクトの価値を高めていくことはできないだろう．

参考文献

金子郁容・玉村雅敏・宮垣元編［2009］『コミュニティ科学——技術と社会のイノベーション——』勁草書房.

コトラー, P., カルタジャヤ, H., セティアワン, I.［2010］『コトラーのマーケティング3.0 ソーシャル・メディア時代の新法則』（恩藏直人監訳, 藤井清美訳）, 朝日新聞出版.

コトラー, P., カルタジャヤ, H., セティアワン, I.［2017］『コトラーのマーケティング4.0 スマートフォン時代の究極法則』（恩藏直人監訳, 藤井清美訳）, 朝日新聞出版.

事業構想大学院大学［2018］『月間事業構想2018年10月号』事業構想大学院大学出版部.

鈴木広［1986］『都市化の研究——社会移動とコミュニティ——』恒星社厚生閣.

テンニエス, F.［1957］『ゲマインシャフトとゲゼルシャフト——純粋社会学の基本概念（上）——』（杉之原寿一訳）, 岩波書店（岩波文庫）.

仲澤眞・吉田政幸［2015］「ファンコミュニティの絆——プロスポーツにおけるファンコミュニティ・アイデンティフィケーションの先行要因および結果要因の検証——」『スポーツマネジメント研究』7（1）, pp.23-38.

堀繁・木田悟・薄井充裕編［2007］『スポーツで地域をつくる』東京大学出版会.

マッキーバー, R. M.［2009］『コミュニティ——社会学的研究:社会生活の性質と基本法則に関する一試論——』（中久郎・松本通晴監訳）, ミネルヴァ書房.

Chalip, L.［2006］"Toward a distinctive sport discipline," *Journal of Sport Management*, 20, PP. 1-21.

Gusfield, J. R.［1975］*The community: A critical response*, New York: Harper Colophon.

Hassan, D.［2014］"Sport and communities: an introduction," *Sport in Society*, 17（1）, PP. 1-5.

Hillery, G.［1955］"Definitions of Community: Areas of Agreement," *Rural Sociology*, 20, PP. 111-123.

Long, J. and Sanderson, I. [2001] "The social benefit of sport: Where's the proof?," in Gratton, C. and Henry, I. P. eds., *Sport in the city*, London: Routledge, PP. 309-314.

Mullin, B. J., Hardy, S. and Sutton, W. A. [2007] *Sport Marking.* 3rd ed., Champaign, IL., Human Kinetic Publishers.

Nicholson, M., Brown, K. and Hoye, R. [2014] "Sport, community involvement and social support," *Sport in Society*, 17（1）, pp.6-22.

ウェブ資料

東京市町村自治調査会［2017］『平成29年3月　多摩・島しょ地域におけるスポーツを活用した地域活性化に関する調査研究～スポーツコミッションの機能に着目して～報告書』（http://www.tama-100.or.jp/cmsfiles/contents/0000000/678/all.pdf, 2018年10月24日閲覧）.

内閣府［2016］「第5期科学技術基本計画　概要」（https://www8.cao.go.jp/cstp/kihonkeikaku/5gaiyo.pdf, 2019年2月28日閲覧）.

ウェブサイト

Bリーグ公式サイト（https://www.bleague.jp/）2019年3月9日閲覧.

Jリーグ公式サイト（https://www.jleague.jp/）2019年3月9日閲覧.

8

sports marketing : the beginning
地域密着型プロスポーツ組織のマーケティング

▶ *1.* 拡大する地域密着型プロスポーツ組織

　1993年のJリーグ発足より，特定の地域を「ホームタウン」として本拠地を構えて事業活動を展開するプロ球団やクラブ（いわゆる「地域密着型プロスポーツ組織」）が増加している．Jリーグ，そして2016年9月に開幕したプロバスケットボールリーグであるBリーグも，加盟するクラブ名には地域名が含まれていなければならないことが規程で定められている．続いて，2018年10月に開幕した卓球トップリーグであるTリーグでは，地域名がクラブ名に含まれているクラブは全体の7割にとどまるものの，ホームタウンとしての活動区域はしっかりと定められている．各リーグの2018から2019年における加盟クラブ名称，ホームタウン所在地，活動区域の一覧は**表8-1**の通りである．クラブ名称にも地元特産品や名所の名称などを取り入れる工夫をしているクラブもみられる（例：カマタマーレ讃岐［J3］，千葉ジェッツふなばし［B1］，滋賀レイクスターズ［B1］，京都ハンナリーズ［B1］，大阪エヴェッサ［B1］，金沢武士団［B2］，愛媛オレンジバイキングス［B2］など）．各クラブは，経営規模の大小により展開する事業内容が異なるものの，ホームタウンのある地域コミュニティに軸足を置き，地道な地域活動を続けつつ，自らのスポーツやエンターテインメントというメインコンテンツの質向上を通じて地域密着を図ろうとしている姿勢が伺える．前述の通りコミュニティが多様化し，ますます境界線がなくなっていく現代に，このようにあえて彼らが領域を区切って地域コミュニティに軸足を置きながら経営を行うのには理由がある．

日本では，かつてプロスポーツリーグ以外のスポーツリーグは「企業スポーツ」の形態をとり，親会社が1つの部署としてスポーツチームを保有する例がほとんどであった．しかしバブル崩壊後，300ものスポーツチームの休廃部が急激に増加した［笹川スポーツ財団 2014］ことからも，スポーツチームそのものの運営方法が見直され始めた．それまで日本の代表的スポーツであったプロ野球にも，不景気の影響が見え始める．2004年に起こったプロ野球再編問題では，当時パ・リーグに所属していた大阪近鉄バファローズが，親会社である近畿日本鉄道株式会社の経営不振により存続の危機に陥った．本業である鉄道事業を営む近畿日本鉄道株式会社では，球団は「二の次」の事業とされ，切り離しを迫られたのである．結果として，大阪近鉄バファローズはオリックスブルーウェーブと合併して新球団「オリックス・バファローズ」を設立し，さらに楽天株式会社の新規参入によって「東北楽天ゴールデンイーグルス」が設立され，リーグは無事再スタートを迎えた．また2004年は，「北海道日本ハムファイターズ」が誕生し，当球団が東京から札幌へ本拠地移転を行った年でもある．翌2005年には，福岡ダイエーホークスもまた，親会社である株式会社ダイエーの業績不振によってソフトバンク株式会社が買収し，「福岡ソフトバンクホークス」と名称変更された．2006年にはセ・リーグのヤクルトスワローズが「東京ヤクルトスワローズ」に，2008年には西武ライオンズが「埼玉西武ライオンズ」へと，球団名に地域名を取り入れる動きも盛んになった．親会社の一存で球団の存続が危ぶまれる可能性が如実に明らかになっていた背景からも，プロ野球界も徐々に地域密着型経営にシフトしていったのである．

　現在では，パ・リーグに所属するすべての球団が地域を意識した球団理念を掲げている．**表8-2**は，2019年時点の各球団の経営理念・地域活動におけるメッセージの一覧である．プロ野球球団も，Jリーグなどと同様に，地域コミュニティを大切にする姿勢をメッセージとして発信し，同時に野球やエンターテインメントの質を高めようとしているのである．

表8-1　Jリーグ・Bリーグ・Tリーグにおける所属クラブ名称とホームタウン・活動区域

Jリーグ（2019シーズン）

区分	クラブ名	ホームタウン	活動区域
J1	北海道コンサドーレ札幌	札幌市を中心とする全道	北海道
	ベガルタ仙台	仙台市	宮城県
	鹿島アントラーズ	鹿嶋市, 潮来市, 神栖市, 行方市, 鉾田市	茨城県
	浦和レッズ	さいたま市	埼玉県
	FC東京	東京都	東京都
	川崎フロンターレ	川崎市	神奈川県
	横浜F・マリノス	横浜市, 横須賀市, 大和市	神奈川県
	湘南ベルマーレ	厚木市, 伊勢原市, 小田原市, 茅ヶ崎市, 秦野市, 平塚市, 藤沢市, 大磯町, 寒川町, 二宮町, 鎌倉市, 南足柄市, 大井町, 開成町, 中井町, 箱根町, 松田町, 真鶴町, 山北町, 湯河原町	神奈川県
	松本山雅FC	松本市, 塩尻市, 山形村, 安曇野市, 大町市, 池田町, 生坂村	長野県
	清水エスパルス	静岡市	静岡県
	ジュビロ磐田	磐田市	静岡県
	名古屋グランパス	名古屋市, 豊田市, みよし市を中心とする全県	愛知県
	ガンバ大阪	吹田市, 茨木市, 高槻市, 豊中市, 池田市, 摂津市, 箕面市	大阪府
	セレッソ大阪	大阪市, 堺市	大阪府
	ヴィッセル神戸	神戸市	兵庫県
	サンフレッチェ広島	広島市	広島県
	サガン鳥栖	鳥栖市	佐賀県
J2	大分トリニータ	大分市, 別府市, 佐伯市を中心とする全県	大分県
	モンテディオ山形	山形市, 天童市, 鶴岡市を中心とする全県	山形県
	水戸ホーリーホック	水戸市, ひたちなか市, 笠間市, 那珂市, 小美玉市, 茨城町, 城里町, 大洗町, 東海村	茨城県
	栃木SC	宇都宮市	栃木県
	大宮アルディージャ	さいたま市	埼玉県
	ジェフユナイテッド千葉	市原市, 千葉市	千葉県
	柏レイソル	柏市	千葉県
	東京ヴェルディ	東京都	東京都
	FC町田ゼルビア	町田市	東京都
	横浜FC	横浜市	神奈川県
	ヴァンフォーレ甲府	甲府市, 韮崎市を中心とする全県	山梨県
	アルビレックス新潟	新潟市, 聖籠町	新潟県
	ツエーゲン金沢	金沢市, 白山市, 野々市市, かほく市, 津幡町, 内灘町を中心とする全県	石川県
	FC岐阜	岐阜市を中心とする全県	岐阜県
	京都サンガF.C.	京都市, 宇治市, 城陽市, 向日市, 長岡京市, 京田辺市, 木津川市, 亀岡市, 南丹市, 京丹波町	京都府
	ファジアーノ岡山	岡山市, 倉敷市, 津山市を中心とする全県	岡山県
	レノファ山口FC	山口市, 下関市, 山陽小野田市, 宇部市, 防府市, 周南市, 美祢市, 萩市, 下松市, 岩国市, 光市, 長門市, 柳井市, 周防大島町, 和木町, 上関町, 田布施町, 平生町, 阿武町【山口県全県】	山口県
	徳島ヴォルティス	徳島市, 鳴門市, 美馬市, 板野町, 松茂町, 藍住町, 北島町, 吉野川市を中心とする全県	徳島県
	愛媛FC	松山市を中心とする全県	愛媛県
	アビスパ福岡	福岡市	福岡県
	V・ファーレン長崎	長崎市, 諫早市を中心とする全県	長崎県
	鹿児島ユナイテッドFC	鹿児島市	鹿児島県
	FC琉球	沖縄市を中心とする全県	沖縄県
J3	ヴァンラーレ八戸	八戸市, 十和田市, 五戸町, 三戸町, 階上町, 田子町, 南部町, おいらせ町, 新郷村, 三沢市, 七戸町, 六戸町, 東北町, 横浜町, 野辺地町, 六ヶ所村	青森県
	いわてグルージャ盛岡	盛岡市, 宮古市, 大船渡市, 花巻市, 北上市, 久慈市, 遠野市, 一関市, 陸前高田市, 釜石市, 二戸市, 八幡平市, 奥州市, 滝沢市, 雫石町, 葛巻町, 岩手町, 紫波町, 矢巾町, 西和賀町, 金ヶ崎町, 平泉町, 住田町, 大槌町, 山田町, 岩泉町, 田野畑村, 普代村, 軽米町, 野田村, 九戸村, 洋野町, 一戸町【岩手県全県】	岩手県
	ブラウブリッツ秋田	秋田市, 由利本荘市, にかほ市, 男鹿市を中心とする全県	秋田県
	福島ユナイテッドFC	福島市, 会津若松市を中心とする全県	福島県
	ザスパクサツ群馬	草津町, 前橋市を中心とする全県	群馬県
	Y.S.C.C.横浜	横浜市	神奈川県
	SC相模原	相模原市, 座間市, 綾瀬市, 愛川町	神奈川県
	AC長野パルセイロ	長野市, 須坂市, 中野市, 飯山市, 千曲市, 坂城町, 小布施町, 高山村, 山ノ内町, 木島平村, 野沢温泉村, 信濃町, 飯綱町, 小川村, 栄村, 佐久市	長野県
	カターレ富山	富山市を中心とする全県	富山県
	藤枝MYFC	藤枝市, 島田市, 焼津市, 牧之原市, 吉田町, 川根本町	静岡県
	アスルクラロ沼津	沼津市	静岡県
	ガイナーレ鳥取	鳥取市, 米子市, 倉吉市, 境港市を中心とする全県	鳥取県
	カマタマーレ讃岐	高松市, 丸亀市を中心とする全県	香川県
	ギラヴァンツ北九州	北九州市	福岡県
	ロアッソ熊本	熊本市	熊本県

（出所）Jリーグ規約・規程集2019
（https://www.jleague.jp/docs/aboutj/regulation/2019/pdf_2019.pdf, 2019年3月8日閲覧）.

Bリーグ（2018-2019シーズン）

区分		クラブ名	ホームタウン	活動区域
B1	東	レバンガ北海道	札幌市	北海道
		秋田ノーザンハピネッツ	秋田市	秋田県
		リンク栃木ブレックス	宇都宮市	栃木県
		千葉ジェッツふなばし	船橋市	千葉県
		アルバルク東京	渋谷区	東京都
		サンロッカーズ渋谷	渋谷区	東京都
	中	川崎ブレイブサンダース	川崎市	神奈川県
		横浜ビー・コルセアーズ	横浜市	神奈川県
		新潟アルビレックスバスケットボール	長岡市	新潟県
		富山グラウジーズ	富山市	富山県
		三遠ネオフェニックス	豊橋市	愛知県
		シーホース三河	刈谷市	愛知県
	西	名古屋ダイヤモンドドルフィンズ	名古屋市	愛知県
		滋賀レイクスターズ	大津市	滋賀県
		京都ハンナリーズ	京都市	京都府
		大阪エヴェッサ	大阪市	大阪府
		ライジングゼファーフクオカ	福岡市	福岡県
		琉球ゴールデンキングス	沖縄市	沖縄県
B2	東	青森ワッツ	青森市	青森県
		仙台89ERS	仙台市	宮城県
		パスラボ山形ワイヴァンズ	天童市	山形県
		福島ファイヤーボンズ	郡山市	福島県
		サイバーダイン茨城ロボッツ	水戸市	茨城県
		群馬クレインサンダーズ	前橋市	群馬県
	中	アースフレンズ東京Z	大田区	東京都
		東京八王子ビートレインズ	八王子市	東京都
		金沢武士団	金沢市	石川県
		信州ブレイブウォリアーズ	千曲市	長野県
		豊通ファイティングイーグルス名古屋	名古屋市	愛知県
		西宮ストークス	西宮市	兵庫県
	西	バンビシャス奈良	奈良市	奈良県
		島根スサノオマジック	松江市	島根県
		広島ドラゴンフライズ	広島市	広島県
		香川ファイブアローズ	高松市	香川県
		愛媛オレンジバイキングス	松山市	愛媛県
		熊本ヴォルターズ	熊本市	熊本県

（出所）Bリーグ規約
（https://www.bleague.jp/files/user/about/pdf/r-02_2018.pdf, 2019年3月8日閲覧）.

Tリーグ（2018-2019シーズン）

区分	クラブ名	ホームタウン	活動区域
男子	T.T彩たま	さいたま市	埼玉県
	木下マイスター東京	東京都	東京都
	岡山リベッツ	岡山市	岡山市
	琉球アスティーダ	沖縄県	沖縄県
女子	木下アビエル神奈川	神奈川県	神奈川県
	トップおとめピンポンズ名古屋	名古屋市	愛知県
	日本生命レッドエルフ	大阪府	大阪府
	日本ペイントマレッツ	大阪府	大阪府

（出所）Tリーグ規約・規程集を一部改編
（https://tleague.jp/pdf/about-t/terms-and-regulations.pdf, 2019年3月8日閲覧）.

表8-2 NPBパ・リーグにおける各球団の球団理念と地域活動に関するメッセージ

北海道 日本ハム ファイターズ	経営理念	【企業理念】 「Sports Community」 スポーツと生活が近くにある，心と身体の健康をはぐくむコミュニティを実現するために，地域社会の一員として地域社会との共生をはかる． スポーツは人々の健康に貢献し，人と人が触れ合う交流の機会となり，人と人との心がつながるコミュニティを創造する力となる． ファイターズは「スポーツと生活が近くにある社会＝Sports Community」の実現に寄与したい．
	地域活動に 関する メッセージ等	【社会貢献活動】 北海道日本ハムファイターズは，企業理念に掲げる「Sports Community」を実現させるため，スポーツを取り巻く環境を整え，地域社会の未来を創造していくことを目的に従来行ってまいりましたCSR活動（企業市民活動）を「SC活動」と改称し，野球をはじめとするスポーツ振興や社会的課題の解決を図り，ファイターズが存在する意味をいま一度見つめ直して人と人の心がつながるコミュニティを創造してまいります．
東北楽天 ゴールデン イーグルス	経営理念	【職員採用ページ・メッセージより抜粋】 TOHOKU RAKUTEN GOLDEN EAGLES　〜選手とファンが一体となる非日常の場所　東北から世界へ〜 BALLPARK　〜東北から世界に発信するボールパーク〜 ENTERTAINMENT　〜五感を刺激するエンターテイメント空間〜 EAGLES　〜再び頂点を目指すイヌワシ軍団〜 FANS　〜ファンと共に〜
	地域活動に 関する メッセージ等	【CSR】 楽天イーグルスは，「がんばろう東北」のスローガンを掲げ各種支援活動を行っています．「がんばろう東北」とは，甚大な被災に見舞われた東北地方の復興を支援するにあたり，支援活動の象徴となる言葉です． 震災を風化させないよう選手が着用するユニフォームに「がんばろう東北」のワッペンを掲出し選手は力強くプレーして参ります． また，今後も出来る限りの支援活動を「がんばろう東北」を合言葉に行ってまいります．
千葉 ロッテ マリーンズ	経営理念	【企業理念】 スポーツ文化への貢献：「野球」を通じ，教育，スポーツ文化の振興に貢献します． 地域への貢献：夢と感動を提供し，活き活きとした地域社会の実現に貢献します． 社会への貢献：スポーツ文化と地域への貢献を通じ，より良き社会実現を目指します．
	地域活動に 関する メッセージ等	【県内12市とのフレンドシップシティ協定について】 千葉ロッテマリーンズはALL for CHIBAの一環として，千葉県内各市と「スポーツを通じた地域振興・地域貢献に関するフレンドシップシティ・プログラム協定」を締結しています．本拠地のある千葉市，秋季キャンプ地である鴨川市に加え，県内二軍試合を開催する各市を対象とし，青少年の健全な育成，市民の健康増進・豊かな社会生活を実現することを目的に，各市と連携し様々な活動に取り組みます．また，本協定の象徴として，ALL for CHIBA開催日にはチームが着用するCHIBAユニフォームの右袖に対象市名入りのロゴを掲出します．
埼玉西武 ライオンズ	経営理念	【西武ライオンズ憲章】 1.（ファンとともに）ファンの皆さまとの信頼関係を大切にし，ファンサービスをはじめ，皆さまとの交流を深め，ともに戦い，ともに歩む球団を目指します． 2.（地域とともに）地域社会に貢献できる様々な活動を行い，地域の皆さまに愛され，地域に根ざした球団を目指します． 3.（感動のために）野球を通じて夢を届け，感動を分かち合えるように，常に全力で最高のプレーを心がけるとともに，スタジアムを快適な「感動空間」へと創造します． 4.（フェアプレーの精神）フェアプレーの精神に基づき，社会と球界のルールを守り，常に良識かつ品位を持って誠実に行動します． 5.（野球界発展のために）野球界発展のために，野球を愛するすべての人たちとともに情熱を持って，あらゆることに積極的に挑戦します．
	地域活動に 関する メッセージ等	【L-FRIENDS】 「L-FRIENDS」とは，地域，ファン，選手，スタッフがひとつの仲間としてつながり，未来への夢をつないでいくプロジェクトです． 「野球振興」「こども支援」「地域活性」 埼玉西武ライオンズが取り組むさまざまな活動を通して，仲間が集まり，ともに考え，共に行動し，ともに成長していく．そして，その想いが共鳴を呼び，また新しい仲間へと広がっていく．より健やかな社会へ．伸びやかな未来へ．

オリックス・バファローズ	経営理念	【球団理念】 オリックス・バファローズは，野球で，ファンに"感動"と"興奮"を届けます． 野球で，こどもたちの"夢"と"希望"を育みます． 野球で，地域社会の"街づくり"と"人づくり"に貢献します．野球の力で．
	地域活動に関するメッセージ等	【コミュニティ活動について】 本来，プロ野球チームは，野球というスポーツを通じて，ご覧いただく皆様に「夢」と「感動」をお届けすることを，第一の目的としています． しかし一方で，プロ野球が日本の社会・文化に与える影響度の大きさを考えた時，プロ野球球団の使命は，唯一フィールド上にとどまるものではない，ということもまた認識せざるを得ません． このような考えから，皆様により親しみをもって迎えられる球団となるため，オリックス・バファローズでは，子どもたちを対象とする野球教室，各種施設への選手やマスコットの慰問等々，地域のコミュニティ活動への積極参加を心掛け，実践しています． 「ボールパーク」を基軸とし，その内外で「野球」「オリックス・バファローズ」「バファローブル&バファローベル」をキーワードとした共同体が有機的に広がっていき，皆さんと球団との距離を，少しでも近くすることを大きなテーマとして取り組んでいます．
福岡ソフトバンクホークス	経営理念	【球団理念・スローガン】 めざせ世界一！ 【FUKUOKA超・ボールパーク宣言」特設サイトより抜粋】 これからも永遠に　ホークスと九州，運命の赤い糸で結ばれた30年　「30th　WE ＝ KYUSHU」 本拠地を九州・福岡へ移して30周年となる2019年．ホークスをここまで育ててくれた九州の熱いファンの皆様との繋がりの積み重ねに感謝しつつ，これからも九州と共に世界一を目指していく決意と感謝を表し，ファンとチームの絆をより強固にしたい！
	地域活動に関するメッセージ等	【CSR活動指針】 福岡ソフトバンクホークスは「めざせ世界一」のスローガンのもと，プロ野球文化の継承と野球競技の振興を行い，野球にとどまらず，人々の感動，勇気，夢につながる世界一のエンターテインメントを実現する使命と責任を負っています． ソフトバンクグループの一員として，ソフトバンクグループのCSR基本方針に基づいて，CSR活動を実践するとともに，「野球」「エンターテインメント」「地域に根差した企業」という強みを活かして，福岡ソフトバンクホークスだからできる社会への貢献を続けていきます．

※各球団ホームページより抜粋．【　】内は参照ページ．
（出所）いずれも2018年3月9日閲覧．
　　　　北海道日本ハムファイターズ（https://www.fighters.co.jp/），東北楽天ゴールデンイーグルス（https://www.rakuteneagles.jp/），千葉ロッテマリーンズ（https://www.marines.co.jp/）
　　　　埼玉西武ライオンズ（https://www.seibulions.jp/），オリックス・バファローズ（https://www.buffaloes.co.jp/），
　　　　福岡ソフトバンクホークス（https://www.softbankhawks.co.jp/）

　和田・松岡［2016］の，地域住民のパ・リーグに所属する各球団に対するブランド連想を比較した研究によると，首都圏・大都市圏以外の地方都市に本拠地を置く北海道日本ハムファイターズ，福岡ソフトバンクホークスの2チームにおいて，他の球団よりも住民が球団を地域の誇りだと感じているという結果が証明された．東北楽天ゴールデンイーグルスもそれに続く結果となり，地方における球団理念の住民への浸透が見られる結果が示唆された．

　地方都市の地域コミュニティに焦点を当てていくと，J2・J3リーグやB2リーグなどの下部リーグの他に，プロ野球独立リーグの事業展開もよく取り上げられる事例である．日本のプロ野球独立リーグには，2005年に四国を拠点に発足した四国アイランドリーグ（現・四国アイランドリーグPlus）と，2007年に北信越

地方を拠点に発足した北信越ベースボール・チャレンジ・リーグ（現・ルートインBCリーグ）があり，関西地方にも2009年に発足した関西独立リーグが存在する．四国アイランドリーグPlusとルートインBCリーグは，2014年に両リーグの合同機構として設立された一般社団法人日本独立リーグ機構のもと，合同トライアウトやグランドチャンピオンシップ（両リーグのチャンピオン同士が対戦する試合）を行っている．これらのリーグの理念を見ても，野球の質向上（選手がNPB入りを目指す）ことと地域コミュニティへの貢献の両立が使命であることがわかる（**表8-3**）．Jリーグ・Bリーグにおいても，下部リーグになるにつれて経営規模も小さくなることからも，より地域に密着した経営が求められている．特に，地方都市では人口減や少子高齢化の進んでいる地域が多いことからも，こうした組織が地域コミュニティ内の課題を解決できるかどうかが，経営の鍵となる．そう考えた時に，地域コミュニティ（住民）全体としては，それぞれのリーグが取り扱うスポーツそのものである野球やサッカー，バスケットボールなどの質向上や戦力補強自体を，それほど求めていない可能性があるということにも注意が必要だ．こうした考え方には，Levitt［2009］の指摘する近視眼的マーケティング（マーケティング・マイオピア：Marketing myopia）が参考になる．Levitt［2009］は，衰退した鉄道会社を例にとり，鉄道会社が自らの事業を「鉄道事業」と狭く（近視眼的に）とらえてしまったことにより，本来の顧客のニーズである「人や物の移動」を満たすことが出来ず，自動車や航空機産業に負けて追いやられてしまったことを説明した．「顧客は商品を買うのではなく，その商品を通じて得られるベネフィットを購入している」と主張したように，このマイオピアを避けるためには，常に顧客ニーズを広くとらえておくことが必要である．こうしたリーグ組織の場合，スポーツの質向上はむしろ，地域コミュニティを盛り上げるための1つの要因としてとらえるべきなのである．もちろん，特定のファンコミュニティに対してのマーケティングとして「戦績」を追求することも必要ではあるが，あくまでその後ろには，自らの所属している地域コミュニティがあるということを忘れてはならないだろう．どのような事業を展開しても，最終的には地域の課題解決という視点が前提とされていなければ，地方における円滑なプロスポーツ組織経営は困難を極める可能性がある．

表8-3　日本のプロ野球独立リーグとその理念

組織		理念
一般社団法人 日本独立リーグ機構		【理念】 当機構は, わが国における野球水準を高めるべく, 野球選手を育成する会員 (独立リーグ) が協力し合い, 野球が地域社会の文化的公共財であることを認識し, これを普及して地域社会の市民生活の向上をはかるとともに, 野球事業の推進を通してスポーツの発展に寄与し, 日本の地域社会の繁栄と国際親善に貢献することを理念とする.
	四国 アイランド リーグ plus	【四国アイランドリーグplusの役割】 ・人材育成 　社会人野球チームの減少等から本格的に野球を行う場所を失った若者にチャレンジの場を提供し, NPB球団出身の監督・コーチが質の高い指導を行う. 同時に野球人としてだけでなく, 結果的に野球を諦め新しい人生を歩み始める選手たちのための人間教育も徹底して行う. ・野球界をはじめとするスポーツ界の裾野拡大 　NPB球団と数多くの交流戦を行い, NPBをめざすリーグの選手のレベルアップを図ると同時に, 幼少期の子どもたち対象に野球をはじめとしたスポーツの楽しさを伝える. 〈目的〉 1.リーグとNPB球団, 地域の他競技団体との連携を深める. 2.リーグの選手たちがNPBのチームと試合をすることでモチベーションを高めると同時に, 現状の実力とトッププロの実力の差を知る機会を設ける. 3.ファンにとって普段地元の球場では見ることのできないNPBのチームのプレーを観戦する機会を設ける. 4.地元のチームと, NPBのチームと試合することによって新たな地域ファンを掘り起こす. 5.リーグとNPBのチームとの交流戦を通して, 子どもたちに野球への興味を喚起させる. 6.NPBのチームとの交流戦を通して, 四国地域のスポーツの盛り上がりに貢献する. 〈NPBとの連携〉 2007年よりNPB12球団秋季教育リーグに, 2008年よりイースタン・リーグ混成チームフューチャーズとの交流戦に参加. 2011年より福岡ソフトバンクホークスと交流戦を実施, 2012年よりNPB球団に所属する育成選手を独立リーグ所属球団に派遣する制度が開始. 2016年より読売巨人軍(三軍)と定期交流戦を実施. ・地域の活性化と地域貢献 1. 地域の人たちに「私たちのチーム」として応援して頂き, 地域の"にぎわいづくり"に貢献する. 2. 野球教室の開催や地域のイベントやお祭り等への参加, ボランティア活動を通して, 地域の皆様に奉仕する. 3. 野球というグローバルな人気スポーツだからこそ可能なイベント興業を通し, 四国への訪問者, 経済効果に貢献する.
	ルートイン BCリーグ	【運営理念】 〜野球を通じて, 地域の方々に夢と感動を与える〜 BCリーグは, 私たちが少年時代に首都圏の野球場で味わった夢と興奮の舞台を, 生まれ育った地で創造し, 低迷する野球人気を地域から復活させ, それを全国に拡げることによって子供たちに本物の野球のすばらしさを伝えたいという思いが出発点となって発足しました. その生まれ育った地域における唯一無二のプロ野球チームを, 地域が一体となって支え, 応援する. 選手もチームも, 地域に溶け込み, 地域の人々から愛され, 励まされ, それを誇りとしてプレーし, 一方, 地域の方々も, チームを応援することを楽しみとし, チームを誇りに思う. BCリーグは, そんな「ふるさとのプロ野球」に共感し応援してくださる地域の方々に「夢」と「感動」を与え続けるリーグ運営を目指します. 【リーグスローガン】 Only One"Challenge"　〜私たちにしかできない挑戦〜 BCリーグは, その地域に生まれ, その地域から愛された, その地域で唯一のプロ球団が戦う場です. リーグは, 地区制, 前後期制, プレーオフシリーズを導入し, 開幕からポストシーズンまで興奮と感動を与え続け, 各球団は満員の観客で埋めつくされたスタジアムでより質の高いプレーをし, 地域の方々に球場の内外で楽しんでもらえるような, 地域色豊かな野球空間創りにこれからも"Challenge"してまいります. Only　One"Challenge"は, 野球を通じてリーグが目指す地域の活性化, 地域への貢献, プロ野球選手を夢見る若者の育成・指導に"Challenge"し続けるという思いが込められています.
関西独立リーグ		【リーグ理念】 ①球道無限　〜NPBで闘える選手を育てる〜 ②自立した野球人　〜自分で考え行動する野球人を社会へ輩出する〜 ③グローカル　〜地域と共生し, 地域と世界をつなげる〜

※各組織ホームページより抜粋.【　】内は参照ページ.
(出所) いずれも2018年3月9日閲覧.
　　　一般社団法人日本独立リーグ機構 (http://www.ipbl-japan.com/), 四国アイランドリーグplus(http://www.iblj.co.jp/),
　　　ルートインBCリーグ (http://www.bc-l.jp/), 関西独立リーグ (http://kandok.jp/)

このように，地域密着型プロスポーツ組織は今や全国に拡がりを見せている一方で，近年のJリーグはリーグとしてのビジネス拡大も加速させている．Jリーグは2017年よりイギリスのパフォームグループ社と10年間で2100億円という放映権契約を締結し，同社が展開するスポーツ専門のライブストリーミングサービス「DAZN（ダ・ゾーン）」において，リーグ戦におけるすべての試合を配信することを決定した．さらにクラブ経営においても，欧州リーグにて現役で活躍する選手たちを獲得する動きが活発化している．2017年には，ヴィッセル神戸がドイツ代表でも活躍したルーカス・ポドルスキ選手を獲得し，サガン鳥栖がスペインで活躍するフェルナンド・トーレス選手を獲得したことが大きな話題となった．そしてヴィッセル神戸はさらなる補強を行い，2018年にアンドレス・イニエスタ選手，2019年にダビド・ビジャ選手と，いずれもスペインの老舗クラブFCバルセロナで活躍した著名選手を獲得した．いずれの契約も，これまでに例を見ない大型契約となり，それぞれの選手を獲得したクラブ，ホームタウンにとっても大きな賑わいを見せるばかりでなく，リーグ全体としても世界的な注目を集めることとなった．特に，ヴィッセル神戸では，オフィシャルトップスポンサーである楽天株式会社が，独自にFCバルセロナとパートナーシップを結んでいる関係性がこのトップ選手の獲得に至ったと言われている．見方を変えると，これは楽天株式会社によるスポーツを活用したマーケティングであるとも言える．規模が大きくなるにつれ，関わるステークホルダーも多くなるプロスポーツの世界では，クラブ独自の戦略だけでなく，このようにスポンサーからの戦略も多様化していく．その中でもなお，あらためてクラブ名称や理念の対象として明確にしているホームタウンにとってのベネフィットを考え続けることも忘れてはならないだろう．

2. 地域密着型プロスポーツ組織のスポンサーシップ

　表8-4は，2017年度のJリーグ及びBリーグにおける収入の内訳を示している．全てのリーグにおいて，「広告料収入」，いわゆるスポンサー収入が全体の4〜5割以上を占めている．プロスポーツ組織が安定的に経営を続けるた

表8-4　Jリーグ及びBリーグにおける収入内訳（2017年度）

科目 （単位：百万円）	J1 平均		J2 平均		J3 平均		B1 平均		B2 平均	
	実績	%	実績	%	実績	%	実績	%	実績	%
広告料収入	1,813	44.4	714	50.5	229	53.4	289	53.4	151	55.1
入場料収入	804	19.7	200	14.2	32	7.5	117	21.6	59	21.5
リーグ分配金	474	11.6	148	10.5	34	7.9	32	5.9	18	6.6
物販収入	344	8.4	96	6.8	22	5.1	27	5.0	13	4.7
アカデミー関連収入	160	3.9	65	4.6	41	9.6	18	3.3	10	3.6
その他収入	488	12.0	189	13.4	70	16.3	58	10.7	23	8.4
合計	4,082	100.0	1,413	100.0	429	100.0	541	100.0	274	100.0

（出所）いずれも2019年3月9日閲覧.
　　　　Jリーグ：Jクラブ個別経営情報開示資料（平成29年度）（https://www.jleague.jp/docs/aboutj/club-h29kaiji.pdf)
　　　　Bリーグ：2017-2018シーズン（2017年度）クラブ決算概要（https://www.bleague.jp/files/user/about/pdf/financial_settlement_2017.pdf)

めには，スポンサー収入においても一社からの収入に偏ることなく，さらに入場料収入やその他の収入をバランスよく得ることが理想だとされている．しかし，Jリーグのホームページ上で確認できる2005年以降の収入状況を見ても，全体収入に占めるスポンサー収入の割合は4〜5割，入場料収入の割合は1.5〜2割と一定に推移してきており，ここ10年において大きな変化は見られない．今後も引き続き入場料収入を増加させることも重要になってくるが，依然としてスポンサー収入の重要性が理解できる．本節では，このように日本の地域密着型プロスポーツ組織の柱となっているとも言えるスポンサー収入に着目し，そのスポンサーシップについて説明していく．

　Shank and Lyberger［2015］は，スポーツにおけるスポンサーシップを，「企業等の団体が自組織の目的，マーティング目標，より詳細なプロモーション目的を達成するためにスポーツに関連する物事（スポーツ選手，リーグ，チーム，イベントなど）に対して資金や製品を投資し，企業名称や製品をそれらに連携することのできる権利と交換すること」としている．つまり，スポーツスポンサーシップにおけるスポーツ組織と企業の関係は，お互いの目的達成に向けて価値を交換する対等な関係にある．プロスポーツ組織においては，自らの持つ様々な権利（広告掲出権，呼称権，肖像権，ロゴやエンブレムの使用権，サプライ権，放送権，命名権など）の価値を高め，スポンサーとなる企業に優先的に与えることによっ

て，対価となる資金や製品を獲得する．企業にとっては，資金・製品提供によってプロスポーツ組織から得る権利を有効活用することにより，自社のイメージアップや認知度向上，新規ビジネスの拡大，社員同士の関係性構築など，様々な目的の達成を試みる（図8-1）．クラブや球団はたいていの場合，スポンサー契約を締結した企業を自らのホームページ上に掲載するなどしているが，クラブや球団によっては「スポンサー」という言葉を使わずに「パートナー」として掲載する事例も多くなってきた．プロスポーツ組織にとって，自らの持つ経営資源である選手や従業員，エンターテインメントの側面を持つ試合（興行），ホームタウンの理解を得る地域活動，様々な事業を通じて作り上げるブランドなど，全ての質を高めることで，権利の価値を高め続ける努力をしなくてはならない．この交換関係を長期的に結び続けることによって，より安定した資金調達が可能になる．

プロスポーツ組織が資金や製品の提供を受けた対価として企業に与える権利は様々であり，ユニフォームや練習着への自社ロゴや製品ロゴの掲出を許可する「広告掲出権」，自社のホームページ等の媒体に「当社は○○（チーム名）を

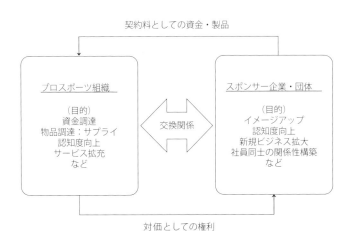

図8-1　スポーツスポンサーシップにおけるスポーツ組織と企業の関係性

（出所）Mullin et al.［2007］を参考に筆者作成．

応援しています」などの文言の掲出を許可する「呼称使用権」，注目度の高く集客の見込める試合自体の名前を「○○（企業名）presents」として開催する許可を与える「命名権（冠スポンサーという場合もある）」などが代表的である．一般的に，有名選手が所属するなど，世間に十分に知られているプロスポーツ組織の場合は，保有しているそれぞれの経営資源の質が高く，様々な権利に対しての価値が高くなる傾向がある．言い換えると，企業側は，高いお金を投資すればするほど，広告を掲出する場所やサイズを優先的に獲得できたり，「自社とプロスポーツ組織の関係性の強さ」を表現することができる．ただし，プロスポーツ組織側は，企業が何かを活用してマーケティング戦略を考案しようとした時，もちろんスポーツ以外のエンターテインメントとも比較検討を行う可能性が十分にあることを注意しておかなければならない．スポンサー候補となる企業の求めているニーズや欲求を的確にとらえ，どのような権利を提供すれば，価値をお互いに創造することができるかを明確に提示することが重要である．例えば，企業がある製品の認知度向上を求めているのであれば，目立つ場所でPRできるもの（ユニフォーム広告や試合時の看板やビジョン広告，テレビやインターネット放送におけるCM，サンプリングなど）を提案すべきであるし，B to B（法人同士のビジネス）における新規展開を求めているならば，スポンサー同士の横のつながりをつくるために紹介の機会を与えることも1つかもしれない．また，イメージアップを求めているならば，プロスポーツ組織が展開する様々な地域活動を支援できるパッケージを作成し，提案するなどの工夫も必要であろう．そして，対価として資金を提供してもらった際には，「費用対効果」として，露出の機会を算出したり，ファンのスポンサー企業に対する認知度調査などを実施する必要も出てくる．そうした一社一社との綿密な関係性構築によって，長期的なパートナーシップを実現することができる．

　しかし，地域密着型プロスポーツ組織の中でも，特に経営規模の小さな下部リーグや独立リーグなどの組織においては，一般的に認知度が低いことからも，スポンサー企業の獲得が難航する場合がある．認知度の高い，いわゆるトップクラブに比べると，有名選手もいなければクラブや球団全体としての認知度も低く，トップクラブと同じような権利（広告掲出権や呼称権）を提供することは

できるものの，それぞれの権利自体に価値を見出すことが困難なのである．そうした場合，大企業が多額のスポンサー料を支払って交換関係を結ぶということは考えにくく，結果として中小企業や個人商店とのスポンサー契約を目指すことから始めるケースがほとんどである．では，経営規模の小さな地域密着型プロスポーツクラブが，自らの持つ権利の価値を高めていくためにはどうすればよいのだろうか．ここで，たとえ経営規模の小さな組織でも価値を持たせることができるのが，まさに「地域コミュニティ」に着目した活動である．どんなに小さなクラブでも，ホームタウンとして本拠地を置く地域コミュニティは，少なくとも同じ地元に拠点を置く企業との共通項でもある．

　この点において，スポンサー企業がスポーツ組織に対し，CSR（Corporate Social Responsibility：企業の社会的責任）の一環で協賛することに注目が集まっていることを押さえておきたい．コトラー，リー［2007：4］によると，CSRの定義は「企業が自主的に，自らの事業活動を通じて，または自らの資源を提供することで，地域社会をよりよいものにするために深く関与すること」であると示されており，CSRは自社ブランドや最終利益にプラスの効果をもたらすとされている．具体的には，貧困層への寄付活動や環境保全への取り組みなどの幅広い活動から，地元の清掃活動や行事への協賛，ボランティア活動などもCSRに含まれる．地域密着型プロスポーツ組織が地域のために展開するホームタウン活動もまた，一企業が行うCSR活動としてとらえることができる．Jリーグは創設当初から，「社会のため」「この国のため」という公共性を前面に出すマーケティングを行ったことで，ホームタウン活動を展開し，多くのステークホルダーを取り込むことに成功している［広瀬 2004］．さらに，プロスポーツ組織が行うCSR活動は，組織が抱える多くのステークホルダー（利害関係者）のマネジメントにもなるとして積極的に進められてきた背景もある［Babiak and Wolfe 2009］．つまり，同じ地域において，「地域コミュニティのため」という同じ方向を目指していることを互いに共感できれば，スポンサーシップを締結する可能性を見出すことが期待できるのである．近年では，そのCSRに関連するものとして，Porter and Kramer［2006］がCSV（Creating Shared Value：共創価値の創造）の概念を提唱した．CSVは，「企業が事業を営む地域社会の経済条件や社会条

件を改善しながら，みずからの競争力を高める方針とその実行」と定義されている．CSVの観点からだと，プロスポーツ組織はスポンサー企業とともに，地域コミュニティが抱えている様々な課題を解決する具体的な戦略を考えていくことが重要となってくる．これらの点におけるプロスポーツ組織の留意点としては，地域の小学校や福祉施設への訪問やスポーツ教室の開催などに積極的に関与していき組織価値創造の努力をすること，ファンサービスや地域活動をスポンサー獲得に結び付ける戦略的なプランを立案・実践することが挙げられる［藤本 2016］．

　そうしたCSR及びCSVの視点を実際に採用し実行している，プロ野球独立リーグの四国アイランドリーグplusに所属する高知ファイティングドックスを例にとると，経営陣は自分たちの球団を「地域課題を解決する起爆剤」であると表現している［事業構想大学院大学 2018］．高知県は，人口減や少子高齢化による産業衰退などの課題が日本全国の10年先行して進んでいる地域でもある．そのため，いわゆる「課題先進県」において，まずは地域の課題解決を目指し，リーグ理念（**表8-3**）にもある「にぎわいづくり」を目指すことによってスポーツチームとしての価値を高めている．まず，ホームタウンを人口6000人に満たない越知町と人口約1万3000人の佐川町と定め，練習拠点を越知町，選手の住まいを佐川町に置いていることも，人口減地域での交流人口拡大を見据えての選択なのである．過去には，地域の第1次産業を支えるために球団で牛を飼い育てたり，地元の人が使わなくなった田畑をベースに農業事業を展開したり，完全に「野球以外」の部分で活動を行っていることでも有名な球団である．年間の地域活動は200以上にも上り，県内での野球教室や小学校への体育の出張授業をはじめとして，地元のお祭りイベントなどにも常に選手やスタッフが足を運んでいる．スタジアムでは国際交流イベントを開催したり，特別支援学校と連携し，選手が使用して折れたバットを再利用したキーホルダーを子ども達に製作販売をしてもらうなど，様々な工夫が凝らされている．さらに，ホームタウンを拠点に海外からの練習生を受け入れているアカデミー事業では，空き家を改修して住まいを提供することにより，練習生は自ら家賃を支払い生活することで，地元経済の活性化にも寄与している．夏期には海外からの少年野球チー

ムの合宿を複数受け入れることによって，交流人口の拡大を目指したり，また，JICA（国際協力機構）とのタイアップにより南米における野球指導者の研修を行い，アジア，アフリカ，北米，南米からも選手を獲得するなど，常に国籍を問わず人々が球団を介して地域に訪れ，生活する仕組みを作り続けている．そうした「まず地域の課題を解決する」ことを目指した活動を基盤にしつつ，近年では，メジャーリーグで活躍したマニー・ラミレス選手を獲得することで全世界の注目を集め，高知県や四国全体をPRすることにも成功した．このように，あくまで地域コミュニティの利益を最大化することに一貫した数々の戦略を行う球団には，多くの地元スポンサーやファンが共感し，2018年度のスポンサー数は526社，入場料などを合わせた総収入は1億2150万円に上り，5年連続で黒字を達成した．これらから得られる教訓としては，「地域密着」を実現するために「地域の課題解決」を目指すという球団の姿勢の重要性であろう．トップリーグと比べて広告効果が少ないこのような球団は，スポンサー企業，あるいはファンや自治体などのステークホルダーとの「共感」をいかにつくることができるかが，安定経営の鍵を握る．しかし，球団が一方通行で地域活動を行うことでは共感は得られず，球団側から発信する「地域密着」を本当の意味で実現するためには，地域の課題を住民と同じ目線で考え，「自分ごと」として解決していく姿勢が重要なのである．こうした活動1つ1つにおいても，顧客志向であり続けなければならず，その積み重ねが顧客コミュニティ全体としての承認につながっていくのである．

　このように，地域密着型プロスポーツ組織のスポンサーシップとしては，やはり軸足を置くホームタウンという地域コミュニティにとっての利益は何か，解決すべき課題は何か，という視座を一貫して持っておくことが重要となってくる．ここでも，スポーツとコミュニティの関係を単に「良いもの」と見なすのではなく，コミュニティの利益を最大化するための設計を考えることが重要だということがわかる．

参考文献

コトラー，P.，リー，N.［2007］『社会的責任のマーケティング』（恩藏直人監訳），東洋経済

新報社.

笹川スポーツ財団［2014］『スポーツ白書』笹川スポーツ財団.

事業構想大学院大学［2018］『月間事業構想2018年10月号』事業構想大学院大学出版部.

広瀬一郎［2004］『Jリーグのマネジメント』東洋経済新報社.

藤本淳也［2016］「スポーツ・スポンサーシップ」, 原田宗彦ほか編『スポーツマーケティング 改訂版』大修館書店.

和田由佳子・松岡宏高［2017］「プロ野球チームのブランド連想──パシフィックリーグに所属するチーム間の比較──」『スポーツマネジメント研究』9（1）,pp. 23-37.

Babiak, K. and Wolfe, R. [2009] "Determinants of corporate social responsibility in professional sport: Internal and external factors," *Journal of Sport Management*, 23, PP. 717-742.

Levitt, T. [2009] *Marketing Myopia*, Harvard Business Review Press.

Mullin, B. J., Hardy, S. and Sutton, W. A. [2007] *Sport Marking. 3rd ed.*, Champaign, IL., Human Kinetic Publishers.

Porter, M, E. and Kramer, M, R. [2006] *Strategy and Society: The Link between Competitive Advantage and Corporate Social Responsibility*. Harvard Business Review.

Shank, M. D. and Lyberger, M. R. [2015] *Sports Marketing: A strategic perspective 5th ed.*, New York., Routledge.

ウェブサイト

Bリーグ公式サイト（https://www.bleague.jp/）2019年3月9日閲覧.

Jリーグ公式サイト（https://www.jleague.jp/）2019年3月9日閲覧.

Tリーグ公式サイト（https://tleague.jp/）2019年3月9日閲覧.

関西独立リーグ公式サイト（http://kandok.jp/）2019年3月9日閲覧.

NPB公式サイト（http://npb.jp/）2019年3月9日閲覧.

四国アイランドリーグPlus公式サイト（www.iblj.co.jp/）2019年3月9日閲覧.

ルートインBCリーグ公式サイト（www.bc-l.jp/）2019年3月9日閲覧.

9

sports marketing : the beginning

多様化する地域のニーズに応えるための
スポーツ組織の諸展開

1. スポーツツーリズム

　2020年に東京オリンピック・パラリンピック競技大会の招致が決定し，2017年には第2期スポーツ基本計画が策定され，2020年を含む「2017年から2022年の5年間における日本スポーツの重要な指針」が示された．また，スポーツ産業活性化に向けて，2016年にはスポーツ庁と経済産業省が「スポーツ未来開拓会議」を立ち上げ，スポーツ市場規模の拡大についての目標値が設定された（**表9-1**）．具体的には，2012年時点で5.5兆円であった市場規模を2025年までに15.2兆円，つまり約3倍に拡大するという目標になっている．その中でも特に伸び率が高く設定されているのが④周辺産業であり，中でもスポーツツーリズムによるスポーツ産業拡大に期待が寄せられている．

表9-1　日本のスポーツ市場規模の拡大

（単位：兆円）

スポーツ産業の活性化の主な政策		2012年	2020年	2025年
＜主な政策分野＞	＜主な増要因＞	5.5兆円	10.9兆円	15.2兆円
①スタジアム・アリーナ ▶	スタジアムを核とした街づくり	2.1	3.0	3.8
②アマチュアスポーツ ▶	大学スポーツなど	-	0.1	0.3
③プロスポーツ ▶	興行収益拡大（観戦者数増加など）	0.3	0.7	1.1
④周辺産業 ▶	スポーツツーリズムなど	1.4	3.7	4.9
⑤IoT活用 ▶	施設，サービスのIT化進展とIoT導入	-	0.5	1.1
⑥スポーツ製品 ▶	スポーツ実施率向上策，健康経営促進など	1.7	2.9	3.9

（出所）スポーツ庁・経済産業省「スポーツ未来開拓会議中間報告〜スポーツ産業ビジョンの策定に向けて〜」一部改編（http://www.meti.go.jp/press/2016/06/20160614004/20160614004-1.pdf　2019年3月9日閲覧）.

表9-2 アウトドアスポーツ推進宣言

アウトドアスポーツ推進宣言

(1)アウトドアスポーツは, 豊かな時間をもたらす(スポーツで, 人生が変わる!)
アウトドアスポーツには, 安全に配慮し, 自分のレベルにあった内容を選べば, 年齢や体力に関わらず, 複雑な技術やルールを習得しなくても実施できるものがたくさんあります. ぜひ多くの方々に, 大自然の中で体を動かす楽しさ, 気持ちよさを体験していただき, スポーツを楽しむ健康的なライフスタイルに接していただきたいと思います.

(2)アウトドアスポーツは, 地域を元気にする(スポーツで, 社会を変える!)
アウトドアスポーツの最高の環境は地方部にあるため, アウトドアスポーツの推進は, 地方部への交流人口の拡大につながります. そして, 地域を訪れた方々が, その土地の食や観光を合わせて楽しむことで, 地域活性化に繋がります. また, アウトドアスポーツは, 旅行, ウェア, 用品など, 様々な消費を喚起し, 幅広い産業の活性化に寄与します. ぜひ多くの方々に, その地域ならではの環境を活かしたアウトドアスポーツを楽しむ旅に出かけていただきたいと思います.

(3)アウトドアスポーツで, 地域と世界がつながる(スポーツで, 世界とつながる!)
上質なパウダースノー, 6,000を超える島々, 急峻な山岳地帯など, 日本には世界に誇る, 恵まれた自然環境と四季の魅力があり, 海外の方々も日本の自然環境に高い関心を示しています. そのため, アウトドアスポーツの推進は, 現在国を挙げて進めている「訪日外国人旅行者の拡大」にも寄与し, 世界との交流の促進に繋がります.
このように, アウトドアスポーツの推進は, 人々のライフスタイルを豊かで健康的にし, 地域や産業を活性化させ, 世界中の旅行者を日本へ誘客する, まさに地域の魅力を活用して, 日本全体を元気にすることに繋がるものと信じております. 心拍数を上げる競技や, 自分の限界に挑戦するだけが, スポーツではありません. スポーツの語源である"デポルターレ"は"気晴らし"という意味であり, 自然環境の中で身体活動を伴う体験を家族や仲間と楽しむことは, まさにスポーツと言えます.
日本には, 山・川・湖・海などの自然を活かした素晴らしい環境が, どの地域にも平等にあります. スポーツ庁は, 地域独自の自然環境をスポーツに活用して, 意欲的に地域活性化に取り組む地域を応援するとともに, その魅力を広く発信していくことで, 地域を訪れ, スポーツを楽しむ人々を増やしていけるよう, アウトドアスポーツを推進してまいります.

(出所) スポーツ庁「アウトドアスポーツ推進宣言」(http://www.mext.go.jp/sports/b_menu/sports/mcatetop09/list/detail/1399436.htm 2019年3月9日閲覧).

　観光庁 [2011] が策定した「スポーツツーリズム推進基本方針」によると, スポーツツーリズムとは,「スポーツを『観る』『する』ための旅行そのものや周辺地域観光に加え, スポーツを『支える』人々との交流, あるいは生涯スポーツの観点からビジネスなどの多目的での旅行者に対し, 旅行先の地域でも主体的にスポーツに親しむことのできる環境の整備, そしてMICE（Meeting, Incentive travel, Convention, Exhibition/Eventなどの集客交流が見込まれるビジネスイベントの総称）推進の要となる国際競技大会の招致・開催, 合宿の招致も包含した, 複合的でこれまでにない『豊かな旅行スタイルの創造』を目指すもの」と定義されている. 地域にとっては, 国内・海外問わず, 域外からスポーツを目的とした旅行者を増加させることによって, 交流人口の拡大を図り, 様々な社

表9-3 スポーツ庁によるスポーツツーリズム需要拡大戦略の新規重点テーマ

【スポーツツーリズム】
スポーツの参加や観戦を目的として地域を訪れたり,地域資源とスポーツを融合した観光を楽しむツーリズムスタイル.
スポーツイベント(参加型・観戦型)の開催や誘致/スポーツチーム・団体の合宿やキャンプの誘致/プロスポーツ・トップチーム等の観戦による誘客 現在主流であるこれらの分野についても,引き続き拡大に向けて取り組む.

【新規重点テーマ①】 世界に誇る日本の自然資源を活用したアウトドアスポーツツーリズム (するスポーツ)	【新規重点テーマ②】 世界の関心が高い日本発祥・特有の武道ツーリズム (みる・するスポーツ)
・「スノースポーツ」,「登山・ハイキング・トレッキング」,「ウォーキング」,「サイクリング」をはじめ,国内外問わず実施意向が高い. ・最高の環境が地方部にあるため,地方部への誘客に繋がる. ・雪質や里山等,日本特有の自然資源・環境には海外からも高い関心が寄せられ一部地域には既に多くの外国人が訪れている. ・スポーツ庁では2017年6月に『アウトドアスポーツ推進宣言』を発表.体力や年齢に関わらず,誰もが実施しやすいスポーツジャンルであるため,国内のスポーツ実施率向上にも寄与.	・「武道(柔道・空手・剣道など)」,「大相撲」は中国をはじめ各国で「みるスポーツ」としての意向が高い. ・空手をはじめ,武道は海外でも愛好者が多く,受入体制やコンテンツを整備することで,海外の愛好者・日本文化への関心が高い層に対し,発祥地である日本への関心・訪日意欲を喚起できる. ・スポーツ庁では2016年より文化庁,観光庁と連携し,スポーツと日本の文化芸術資源を融合させた「スポーツ文化ツーリズム」を推進.

(出所) スポーツ庁「スポーツツーリズム需要拡大戦略【新規重点テーマ】」. (http://www.mext.go.jp/prev_sports/comp/b_menu/shingi/toushin/__icsFiles/afieldfile/2018/03/27/1402797_00002.pdf 2019年3月9日閲覧).

会的・経済的効果を期待するものである.2018年には「スポーツツーリズム需要拡大戦略」及び「スポーツツーリズムに関する国内外マーケティング調査報告書」が発表され,中でも日本の自然環境下で行う「アウトドアスポーツ」と「武道」の見学や体験が国内外の消費者ニーズであったことから,スポーツ庁は「アウトドアスポーツ推進宣言」(表9-2)を発表するとともに,新規重点テーマとして「アウトドアスポーツツーリズム」と「武道ツーリズム」を設定した(表9-3).

各地域では,これらの指針をもとに独自の地域資源を発見し,スポーツツーリズムを推進していくことが望まれるわけではあるが,そもそも地域活性化の観点において,地域コミュニティから見たスポーツツーリズムの役割はどのようなものがあるのだろうか.

政府が取り組む政策の1つである地方創生において示された「まち・ひと・しごと創生基本方針」において,スポーツツーリズムという言葉は主に「3.政策パッケージ― (1) 地方にしごとをつくり,安心して働けるようにする― (イ)

観光業を強化する地域における連携体制」の項目に登場する.「まち・ひと・しごと創生基本方針」に準ずれば,「しごと」をつくる,つまりスポーツツーリズムによって地域に新たな雇用を生み出すことが第1目標となる.**表9-3**に示されているような従来型のスポーツツーリズム（スポーツイベントの開催・誘致,スポーツチームや団体の合宿・キャンプ誘致,プロスポーツ・トップチームなどの観戦による誘客）も,新たな重点テーマとなるアウトドアや武道を掛け合わせたスポーツツーリズムの推進も,実現すればまずは域外から域内に訪れるスポーツツーリストによる観光消費効果が見込まれることとなる.集客が見込まれる大規模な国際イベントなどを誘致することに成功すれば,施設やインフラなどのハード整備なども見込まれるであろう.域外からの人口の流入によって,閑散とした地域コミュニティにも交流が生まれ,街に新たなにぎわいを作り出すような効果や,スポーツツーリズムによって情報発信を促進する効果など,様々な社会的効果も期待できる.そうした動きが活発化すれば,やがて地域に雇用を生み出すことにもつながり,スポーツツーリズムが直接的に地域活性化に貢献できるという将来像を描くことが可能になる.

　しかし,課題は「誰が担うか」である.国として大きな指針は示されているものの,実際には,地域資源の強みを分析し,適正な顧客コミュニティをターゲットに選定し,顧客コミュニティのベネフィットを最大化するために戦略を実践していくのは,地域コミュニティ内の人々に他ならない.そこで,現在スポーツ庁を中心に支援体制を強化し,この地域活性を担う役割として期待されているのが「地域スポーツコミッション」である.

2. スポーツコミッション

　「まち・ひと・しごと創生総合戦略2018　改訂版」においても,「スポーツによる地域活性化の推進主体である『地域スポーツコミッション』等が行う地域の独自性の高いスポーツツーリズムの開発,イベントの開催,大会・合宿の誘致などの活動の一層の促進,スタジアム・アリーナ等のスポーツ施設の魅力・収益性の向上等を通じたスポーツに関する産業振興」という文言が記載されて

いる.

スポーツ庁 [2018] では, 地域スポーツコミッションは,「地方自治体, スポーツ団体・企業 (スポーツ産業, 観光産業) 等が一体となり, スポーツツーリズム, イベント開催, 大会や合宿の誘致などによる地域活性化に取り組む組織」と定義されている (**図9-1**). そして, スポーツ庁では以下の要件を満たす活動を行っている組織を, 地域スポーツコミッション推進組織として集約し, 2018年10月現在, 全国で99団体の活動が報告されている.

- ・要件1：常設の組織であり, 年間を通じて活動を行っている.
- ・要件2：スポーツツーリズムの推進, イベントの開催, 大会や合宿・キャンプ誘致など, スポーツと地域資源をかけ合わせたまちづくり・地域活性化を主要な活動の一つとしている.
- ・要件3：地方自治体, スポーツ団体, 民間企業 (観光産業, スポーツ産業) 等が一体となり組織を形成, または協働して活動を行っている.
- ・要件4：特定の大会・イベントの開催及びその付帯事業に特化せず, スポーツによる地域活性化に向けた幅広い活動を行っている.

スポーツ庁は, 各地域の取り組みを加速させる意味でも, 2015年度より, スポーツコミッションの活動支援事業を実施している. 2015年度には8件, 2016年度には6件, 2017年度には4件, 2018年度には8件の事業が採択された. 例えば, 2015年度に活動支援事業として採択された新潟県の十日町市スポーツコミッションにおける「スノーモービルを観光資源とした地域の活性化事業」では, 市内の多目的グラウンドとクラブハウスが雪のため使えなくなる12月から4月上旬にかけて, スノーモービルスクールのイベントを開催し, 普段は人が全くいなかった冬季に新たな価値を創造し, スポーツ交流人口の拡大を図ったものなどが代表的な活動として挙げられる. 他にも, 2018年度に採択された徳島県の自転車利用促進協議会における「自転車王国とくしまサイクルツーリズムプロジェクト」では, 普段何も手を施さなければ景観が広がっているだけの道路に,「自転車王国とくしま公式コース」を設定し, その他のラフティング体験や座禅体験などを組み合わせてSNS発信などを狙う新たな取り組みも行われている.

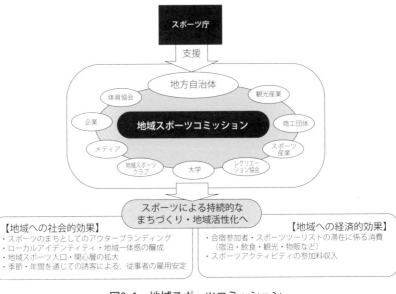

図9-1　地域スポーツコミッション

(出所) スポーツ庁資料.

　では，地域スポーツコミッションは，実際にはどのように形成されていくのだろうか．東京町村自治調査会［2017］は，多摩・島しょ地域の各自治体におけるスポーツコミッションのあり方検討の流れを**図9-2**のように説明している．

　ここで着目すべき点は，スタートが自治体の課題抽出であるという点である．地域スポーツコミッションは全国一律のものではなく，各地域の特性，スポーツ資源，既存団体の取り組み，企業や住民の意向などが複雑に絡み合っている状況の中で，新たな価値創造を目的として設立されるものである．様々な事例報告が蓄積されている中でも，簡単には横展開できるものではない．しかしながら，どの地域においても，スポーツコミッションは「地域コミュニティの課題解決のための協働」を目指す協力組織であることには変わりはなく，関わる可能性のあるそれぞれの団体が，自分たちが所属している地域コミュニティにおける課題を解決する意識をまず持つことが重要である．東京オリンピック・

図9-2　地域スポーツコミッションのあり方検討の流れ

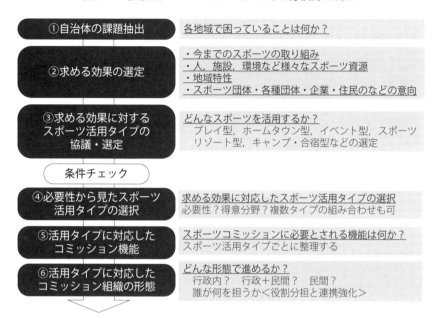

（出所）東京市町村自治調査会［2017］「多摩・島しょ地域におけるスポーツを活用した地域活性化に関する調査研究」を一部編集．

　パラリンピック競技大会の開催や，第2期スポーツ基本計画の策定などによる各地でのスポーツ機運の高まりは，自治体のスポーツ行政の一元化などにも現れている．最終的に持続的なまちづくり・地域活性化を目指すためには「事業性」が不可欠であり，ここには民間企業やスポーツ団体の知恵が必要になってくることが明らかであるが，まず各自治体が抱えている課題を地域コミュニティ内で共有することも重要であろう．

　2018年10月現在，全国で100近くの地域スポーツコミッションが設立されており，スポーツ庁は2021年度末までに170団体の設立を目標に掲げている．それぞれの地域独自の課題に合わせた新たな価値創造を実現している団体もあるものの，活動費用の調達が困難であったり，人材不足なども地域スポーツコミッションの問題点として認識され始めている［細田・瀬田 2018］．マーケティング

の視点においても，課題解決すべき対象はやはり各自治体の地域コミュニティである．このような文脈においても，それぞれの組織が「自分ごと」として課題解決に向けたビジョンを共有し，連携することによって，持続可能なまちづくり・地域活性化を達成できる組織が実現できるだろう．

参考文献

細田隆・瀬田史彦［2018］「地域スポーツコミッションによる地域活性化のあり方に関する研究」『都市計画論文集』53, pp.439-444.

ウェブ資料

観光庁［2011］「スポーツツーリズム基本方針」（http://www.mlit.go.jp/common/000149957.pdf, 2019年3月8日閲覧）．

スポーツ庁「第2期スポーツ基本計画」（http://www.mext.go.jp/prev_sports/comp/a_menu/sports/micro_detail/__icsFiles/afieldfile/2017/03/23/1383656_002.pdf, 2019年2月28日閲覧）．

スポーツ庁『アウトドアスポーツ推進宣言』（http://www.mext.go.jp/sports/b_menu/sports/mcatetop09/list/detail/1399436.htm, 2019年3月9日閲覧）

スポーツ庁「スポーツツーリズム需要拡大戦略」（http://www.mext.go.jp/prev_sports/comp/b_menu/shingi/toushin/__icsFiles/afieldfile/2018/03/27/1402797_00002.pdf, 2019年3月9日閲覧）．

スポーツ庁［2018］「平成30年度 スポーツによるまちづくり・地域活性化活動支援事業」（http://www.mext.go.jp/sports/b_menu/sports/mcatetop09/list/detail/__icsFiles/afieldfile/2018/08/27/1372561_00001.pdf, 2019年3月9日閲覧）．

スポーツ庁・経済産業省「スポーツ未来開拓会議中間報告」（http://www.mext.go.jp/sports/b_menu/shingi/003_index/toushin/__icsFiles/afieldfile/2016/06/14/1372342_1.pdf, 2019年2月28日閲覧）．

東京市町村自治調査会［2017］『平成29年3月　多摩・島しょ地域におけるスポーツを活用した地域活性化に関する調査研究～スポーツコミッションの機能に着目して～報告書』（http://www.tama-100.or.jp/cmsfiles/contents/0000000/678/all.pdf, 2018年10月24

日閲覧).

まち・ひと・しごと創生本部「まち・ひと・しごと創生総合戦略2018　改訂版」(https://www.kantei.go.jp/jp/singi/sousei/info/pdf/h30-12-21-sougousenryaku2018hontai.pdf, 2019年3月9日閲覧).

10 sports marketing : the beginning ◉
スポーツ市場の広がりとその可能性

　世界的なマーケティングの泰斗, フィリップ・コトラー (Philip Kotler) によると, 「マーケティングとは, 価値を創造し, 提供し, 他の人と交換することを通じて, 個人やグループが必要とし欲求するものを獲得する社会的, 経営的過程である : Marketing is a social and managerial process by which individuals and groups obtain what they need and want through creating and exchanging products and value with others.」としている [コトラー 1996 : 5]. もともと, どのように在庫を効率的に販売するかという経営課題からマーケティングという言葉が誕生した. それは今からわずか100年前の19世紀初頭といわれている. 時代が進むに連れてマーケティングの概念が確立されるようになると, マーケティングは企業全体に影響を与える重要な役割を持つようになった. 1960年から1970年頃には, SWOT分析, 4P分析, STP分析などの分析ツールやフレームワークが普及した. やがて, 市場に製品・サービスが十分に供給されるようになると, 消費者や顧客のニーズを分析し, それに合致する製品・サービスを企画・製造・販売するという「消費者志向のマーケティング」の考え方が必要となり, 消費者や顧客をいかに満足させ, つなぎとめるか, という顧客管理の考え方が主流になった. そこでは, 市場における自社の立ち位置とともに, どのような消費者をターゲットにするのかを明確にすることが, マーケティングにより一層求められた. 1990年代になると, 価値主導のマーケティングと呼ばれ, 製品の機能や性能のほかに, その製品が顧客や社会や環境に対してどのような価値があるかについて注目するようになった. 2010年になると, 「自己実現のマーケティング」と呼ばれるようになり, 消費者は一人ひとり自らの精神的価値を感じるものを購買するようになった. このように, マーケティングと

113

は「製品中心」「消費者志向」「価値主導」「自己実現」と，時代のトレンドと経営環境に合わせた変遷をたどってきたのである．

　一方，スポーツはどのような変化を遂げてきたのであろうか．ギリシャのクレタ島にあるクノッソス遺跡には，紀元前15世紀頃とされる雄牛の上で宙返りする男性の姿（雄牛跳び）のフレスコ画が描かれている．宗教儀礼を兼ねた競技で，スポーツの起源といわれている．クレタ島では，そのほかにダンス，レスリングなどのスポーツの原型となる競技が行われていた．古代ローマではスペクテータースポーツ（みるスポーツ）が発達し，コロッセオ（円形闘技場）が建設された（図10-1）．時代を経て，1896年にアテネで第1回目の近代オリンピックが開催された．その時の競技種目は12種目であったが，2020年東京オリンピック・パラリンピックでは339種目までに増加した．現在，オリンピックのテレビ視聴者数は全世界で30億人以上といわれ，[1] ギリシャを起源とするスポーツは全世界で親しまれるようになった．

　このようにマーケティングやスポーツが変化してきたように，私たちの暮らしやスポーツへの接し方も変化してきた．例えば，スポーツを行う目的を考えてみると，かつては，宗教儀式，強者の選出，狩猟の意味合いが強かったが，現在では，健康づくり，ダイエット，レクリエーションのように目的は多様化している．2006年9月21日に改定された「スポーツ振興基本計画（改定版）」では，スポーツは，人生をより豊かにし，充実したものとするとともに，人間の身体

　　　図10-1　イタリアの首都ローマに現存するコロッセオ（円形闘技場）
（出所）筆者撮影．

的・精神的な欲求にこたえる世界共通の人類の文化の1つと定義し[2]，スポーツの多義性を示唆している．これまでの時代の流れとともに，マーケティングもスポーツも変化を遂げてきた．本章では，現代におけるスポーツとスポーツ市場，そして，それらの今後の可能性を考えていきたい．

1. スポーツを取り巻く環境変化

総人口と人口構造の変化

図10-2は，日本の総人口と人口構造の推移と見通しを示したものである．この図によると，総人口は，2017年で1億2671万人となっているが，2053年には1億人を割って9924万人となり，2065年には8808万人になる．人口減少ばかりでなく，日本の人口構造そのものが大きく変化していく見通しであることがわかる．年少人口（0〜14歳）では，2017年の1559万人（12.3％）から2065年には

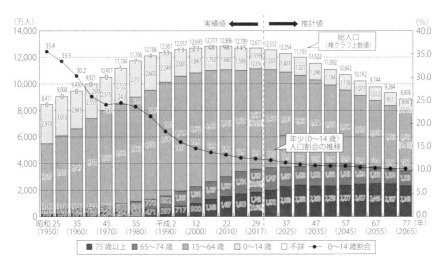

図10-2　わが国の総人口及び人口構造の推移と見通し

(出所) 内閣府「日本の人口構造」
(https://www8.cao.go.jp/shoushi/shoushika/data/jinkou.html, 2019年3月8日閲覧).

第 10 章　スポーツ市場の広がりとその可能性　　115

898万人（10.2%）の規模になる．生産年齢人口（15～64歳）では，2017年の7596万人（60.0%）から2065年には4529万人（51.4%）となる．高齢者人口（65歳以上）は，3515万人（27.7%）となっており，2065年には3381万人（38.4%）となる．年少人口と生産年齢人口の減少が続くため，高齢者人口割合は相対的に上昇する見込みである．高齢化が加速する背景には，戦後のベビーブーム期に生まれた団塊の世代が高齢者人口に入ることがある．このような急激な少子高齢化と人口減少は，スポーツ参加者の人口構成・世帯構成の急激な変化をもたらし，スポーツ市場に対して多大なインパクトを与えると考えられる．高齢者のスポーツ参加率は高いものの，人口の落ち込みがそれを相殺することで，スポーツ市場の縮小や活力低下が余儀なくされる可能性がある．

　総務省による余暇の過ごし方に関する調査,「社会生活基本調査」[3]では,スポーツ種目と年代別に，その年代の人口の何％の人が余暇にその活動を行っているかを表す「行動者率」を公表している．例えば，水泳とゴルフとボウリングの行動者率を見比べると，主要な顧客層が異なることがわかる．ゴルフの行動者率がもっとも高い年代は60歳代である．詳細にみると，40歳代では10.0%，50歳代では11.2%，60歳代では9.0%であり，シニア層に親しまれている傾向にあることがわかる．一方,ボウリングでは,20歳代の行動者率は56.0%であり,3種目のなかで20歳代の行動者率がもっとも高い．また，水泳は幅広い年齢層で親しまれている．このように，世代によって親しまれるスポーツの種類は異なることから，人口構造の変化がスポーツに影響を及ぼすことが予想される．そして，何よりも懸念されるのは，人口減少そのものがスポーツ人口を下押しする可能性があることである．老若男女が多様な関わり方で参加できるスポーツが今後より一層求められる．

　現在に日本における成人のスポーツの実施率をみると，高齢者の実施割合は，ほかの世代と比較すると高い傾向にある．自治体などで実施されている体操教室など高齢者のニーズに合わせたスポーツ参加機会の充実に向けた取り組みの賜物だろう．今後も引き続き，より多くの高齢者がスポーツに親しむことができる環境づくりが重要である．

多様化が進む社会でのスポーツ

①生涯スポーツ

新興国の経済成長が著しいなか，日本は成熟期を迎えている．成熟した社会では，右肩上がりの経済成長や，所得や消費の増大を期待するのは難しい．また，消費者は物質的な豊かさだけではなく，心の豊かさも求めるようになる．このような社会では，一人ひとりが自らの価値観に基づき，多様なライフスタイルを選択するようになる．成熟した社会において，スポーツはどのようなものになるだろうか．一人ひとりのライフスタイルや価値観に沿ったスポーツが選択されるようになり，それぞれの自己実現を満たす役割の一部をスポーツが担っていくことになるのではないだろうか．

競技会に出場して勝つことを目標にしたり，週末の余暇としてスポーツに親しむ「するスポーツ」，テレビやスタジアムでスポーツ観戦を楽しむ「みるスポーツ」，1万人ものボランティアで東京マラソンをサポートする「支えるスポーツ」など，運動能力の有無や程度に関係なく，年齢や性別に関係なく，多様な目的や価値観をもって，私たちは様々な形でスポーツに関わるようになった．このようなスポーツとの関わり方を，生涯スポーツと呼ぶ．人々がそれぞれのライフステージにおける生活の要求に根ざして，日々の生活の中で容易に実践でき，しかも人々の健康で文化的な生活実現に裨益（ひえき）するようなスポーツの総称である［深澤・関根・石垣 1999：31-41］．将来に渡る生涯スポーツのさらなる振興に向けて，国や自治体と私たちが協力すること，そして，CSR（企業の社会的責任：Corporate Social Responsibility）やメセナ（芸術文化支援活動）などを通じた企業の貢献も不可欠である．

②多様な人々とスポーツ

ダイバーシティ（多様性：Diversity）という言葉がこの数年で広く知られるようになった．ダイバーシティとは，性別，年齢，人種・民族の違いだけにとどまらず，個人の持つあらゆる属性の次元とされる［谷口 2005］．属性とは，居住地，家族構成，習慣，所属組織，人種・民族，性的指向，職歴，年齢，未既婚など外見から識別可能なものから，外見からは判断しにくいものまで多岐に渡る．

経済産業省産業構造審議会によれば,「多様化した市場で価値創造を目指すには,多様な人材の能力を最大限活用することが不可欠であり,異なった分野の知識,経験,価値観が衝突・融合することで新たな価値創造につながる」として,ダイバーシティが積極的に推進されている.「働き方改革」や「女性活躍推進」[4)]などもこの流れのなかで推進されているムーブメントである.ダイバーシティは,産業分野はもとより,スポーツや医療の現場など多方面で注目されている.スポーツ現場では1994年にイギリスのブライトンで開催された第1回世界女性スポーツ会議において採択されたブライトン宣言(The Brighton Declaration on Women and Sport)を契機に,スポーツのあらゆる面において女性の知識や経験,そして価値を尊重し,女性がスポーツそのものやスポーツに関連する組織や団体において,最大限に関わることを目指す動きが活発になっている.これは,女性とスポーツにおける究極的な目標を「スポーツ文化を,女性があらゆる側面で,最大限に関わることを可能にし,それを尊重するようなものに発展させること」と定義し,① 女性とスポーツに関わる問題に対する認識を高めること,② 組織や政府機関に対して,スポーツにおける男女平等の原則実施を遂行させることを宣言したものである[小笠原 2006:58-59].

　かつて,オリンピックへの女性参加が禁止されていた時代もあった.古代オリンピックでは女性の参加のみならず観戦にも制限があったとされる.女性がオリンピックに競技者として参加できるようになったのは,1900年の第2回パリオリンピックである.この大会には19カ国から1066人の選手が参加したが,女性アスリートは12人であり,種目はゴルフとテニスの2つだけだった.この時代では女性が参加できる種目は,大会を運営する男性が「女性らしいスポーツ」とみなした競技が,女性のオリンピック種目として認められていたという.[5)]しかし近年では,オリンピックでの女性の活躍は著しい.夏季・冬季ともに女性の競技種目数が増加しつつあり,204カ国・地域が参加した2012年のロンドン五輪大会では,近代五輪大会116年の歴史で初めてすべての参加国・地域からの女性アスリートが派遣され,全競技における女性アスリートの出場が実現し,「五輪史の転換期になる」と国際オリンピック委員会の当時の会長であったジャック・ロゲ(Jacques Rogge)は語った.[6)]現在,日本における女性競技者

の割合は，北京大会では49.9％，ロンドン大会では53.2％，リオデジャネイロ大会では48.5％と，ほぼ半数に及ぶ．また，世界レベルにおける女性選手の活躍が目覚ましく，近年の夏季五輪大会における日本の女性選手のメダル獲得率は男性を上回っている［順天堂大学マルチサポート事業 2013］．

③障害者とスポーツ

厚生労働省の推計によると，身体障害者は約436万人，知的障害者が約108万人，精神障害者が約392万人で，身体や心などに障害がある人の総計は約936万人，人口の約7％である［7］．産業分野では，1963年東京オリンピックが開催される3年前の1960年に「身体障害者雇用促進法」が制定され，現在の「障害者雇用促進法」となり，障害者の雇用促進が図られてきた［永野 2014：4-14］．2016年には民間企業に雇用されている障害者の数は約50万人に昇り，増加傾向にあるが，実雇用率は2％弱にとどまる．障害者雇用促進法によって定められた割合（法定雇用率）を達成している企業は半数程度である［8］．1960年の障害者雇用に関する法整備から14年後の1974年，在宅の身体障害者を対象としたスポーツセンターが大阪市に開設された［9］．その後，「障がい者スポーツ競技団体協議会」が設立され，障害者スポーツの普及に向けた取り組みが行われるようになり，国内の障害者スポーツは進展した．しかしながら，障害者のスポーツ実施者数については，全国的な調査はほとんど見当たらないが，全障害者の20％から40％前後の実施割合といわれており［陶山 2006：99-106］，半数に満たない．障害者のうち，成人を対象にした調査では，週1回以上のスポーツ実施率は19.2％であった．これは，成人の健常者の実施率である51.5％と比べて著しく低く［10］，障害者が健常者と同じ水準でスポーツに親しむ状況には至っていないといえる．

ところで，障害者がスポーツを始めた動機やスポーツに親しんでいる思いはどのようなものだろうか．2003年度の日本障害者スポーツ協会による調査では，「健康の維持増進」「競技力向上」「リハビリテーション」が上位に挙げられている［日本体育協会 2015］．2010年に行われた別の調査では［坂井 2010：217-225］，「体力がつく」「運動不足の解消」「仲間作り」「気分転換」「ストレス解消」が挙げ

第 10 章 スポーツ市場の広がりとその可能性　119

られている．一方，成人の健常者のスポーツの実施目的は，「体力や健康の維持・増進」「気持ちいい」「体型の維持・改善」が上位に挙げられている［笹川スポーツ財団 2012］．これらの調査結果からは，障害者も健常者もスポーツに親しむ目的に大きな違いはないことが伺える．だが，両者でスポーツに抱く思いは同じであっても実施割合に大きな隔たりがあることに，私たちは留意しなければならない．さらに，障害別の取り組みについても留意せねばならない．障害者のためのスポーツ大会については，身体障害者を対象にしたパラリンピック，知的障害者を対象にしたスペシャルオリンピックなど，障害ごとに大会が開催されている．しかし，精神障害者のスポーツ大会は，他の障害者スポーツ大会と比較しても大会の規模が小さく，認知度も低いのが現状である．

2011年8月に施行された「スポーツ基本法」において，「スポーツは，障害者が自主的かつ積極的にスポーツを行うことができるよう，障害の種類及び程度に応じ必要な配慮をしつつ推進されなければならない」［文部科学省 2011］と定め，障害者のスポーツ実施を国家として奨励している．スポーツ分野における障害者のさらなる活躍推進，積極的な自立と社会参加の促進に向けて，障害者のスポーツに対するニーズに適合した運動・スポーツの実施機会の提供と，健常者のより一層の啓発が不可欠である．

◢ 2. スポーツにおけるICT活用 ◢

スポーツを支えるICT

近年のICT（情報通信技術：Information and Communication Technology）の進展により，コンピュータやネットワークなどを通じて，世界中の情報に，いつでも，どこからでもアクセスできるようになった．さらに，AI（人工知能：Artificial Intelligence）やIoT（モノのインターネット：Internet of Things）の技術が著しく革新した．このような大きな変化は，第1次産業革命（蒸気機関，紡績機械），第2次産業革命（鉄道，発電機，電話，自動車），第3次産業革命（コンピュータ，インターネット）に続き，第4次産業革命といわれる．この変化は，私たちの生活にも大きな影響を与えている．1日あたりのスマートフォンを利用時間に関する調査では，

男性60歳代では87分，男性30歳代では123分に及ぶ．女性では60歳代では107分，女性30歳代では153分にもなることが明らかになった［電通メディアイノベーションラボ 2018］．一方，スポーツに費やす時間は非常に少なく，男性では17分，女性では14分に過ぎない[11]．

　スポーツの実施時間は減少傾向にあるが，近年ではスマートフォンやパソコン上で行われる対戦型のゲーム，eスポーツ（Electric Sports）が誕生した．格闘ゲームやスポーツゲームなど様々なジャンルで大会が開催され，世界はもとより国内でも活発化しつつある．世界的な盛り上がりをみせるeスポーツは，今後さらなる成長が期待されており，大きなビジネスチャンスとして，国内外の多くの企業が注目する．

　ICT化によって新しいスポーツ用品も誕生した．スポーツメーカー最大手のナイキは，スマートフォンアプリでフィット感を調節することができるシューズを発表した[12]．このほか，スポーツをする人，みる人，支える人など，スポーツと様々な関わり方をする人々に対するICT活用の取り組みが盛んである．5G（第5世代移動通信システム：5th Generation）やAR（拡張現実：Augmented Reality），VR（仮想現実：Virtual Reality）などの最新技術が活用され，スポーツの新しい観戦スタイルや体験価値が創造されるようになった．最近の事例では，2018年10月にKDDIは札幌ドームで，スマートグラスを用いて野球選手のコンディションやスタッツ情報などをリアルタイムに確認できる，AR野球観戦システムの実証実験を行った．現実の野球観戦に選手のコンディションなどスタッツ情報が重ねて表示され，また中継映像や実況解説音声のリアルタイム配信視聴が可能だという[13]．新しい体験，新しい価値の創造によって，スポーツファンの裾野拡大，スポーツ市場のさらなる盛り上がりに貢献することが期待される．ほかにも，公正な審判の支援，選手のコンディション管理，GPS受信機を装着した練習，怪我の予防，トレーニング効率の向上などでの活用など，その枚挙に暇がない．ウェアラブル端末の進歩も著しい．歩数や睡眠時間などのライフログ，血圧計や体温計，体重計，血中酸素飽和度計測器などのデータと組み合わせて，精度の高いデータ分析を行うことによって，選手のコンディション管理が可能である．とくに近年では，スマートフォンアプリで発話した音声から，AIを活用

して抑うつ状態やストレス状態などを推定する技術（音声病態分析技術）が，東京大学大学院医学系研究科を中心とする研究グループによって開発された［徳野 2016：673-676］．怪我や身体的機能の衰え，燃え尽き（バーンアウト），多重役割コンフリクト（葛藤）など，スポーツ選手は様々なストレス要因に晒されることが，これまでのスポーツ心理学研究で明らかになっている．ストレスをどのように克服するかという問題は，スポーツ選手にとって重要な課題である［石井・楠本・阿江 2012］．この音声病態分析技術によって，「心の状態の見える化」が可能になり，スマートフォンアプリで発話するだけという簡便さから，日々のストレス状態の推移も把握しやすくなった．この技術は女子プロゴルファーのメンタルトレーニングに用いられるようになった．[14] 音声病態分析技術とウェアラブル端末を併用することによって，選手のコンディションをフィジカルとメンタル両方から把握できるようになり，新しいコンディション管理の方法が誕生した．

　オリンピック・パラリンピックにおいても新しい技術が活用されている．2012年のロンドンオリンピック・パラリンピックではYouTubeで競技を放送し，初のデジタルオリンピックと呼ばれた．今後は，テレビ放送においてもハイビジョンを超える超高画質を実現する次世代の映像規格4K・8K技術が主役として活用される見込みである．また，モバイルとテレビの組み合わせといった視聴形態の多様化も実現される．スポーツ庁では，2025年に国内スポーツ市場規模15.2兆円へ拡大する方向性を示している．[15] その内訳には新技術の活用による規模拡大も見込まれており，スポーツ市場のさらなる広がりが期待される．

デジタルマーケティング

　ICT技術やインターネットを用いたマーケティングをデジタルマーケティングと呼ぶ．専門的な定義では，「デジタル施策によって得られるデータを活用して，マス，リアルを含めたマーケティング全体を最適化する試み」［横山・菅原・草野 2015］とされる．従来のインターネットを使ったオンラインマーケティングやネットマーケティングとの違いでは，前者はダイレクトマーケティングのなかにあって，ネットの世界を最適化するものであったのに対して，デジタル

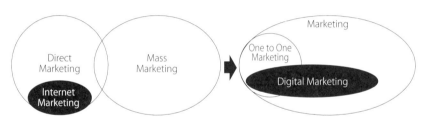

図10-3　デジタルマーケティングとは

(出所) 横山・菅原・草野 [2015].

　マーケティングは，単にネットの最適化を目指すだけではなく，マス，デジタル，リアルのすべての接点におけるマーケティングコミュニケーションと，商品開発，価格選択，チャネル戦略すべての最適化のために行われる活動である (図10-3)．

　スポーツの現場でデジタルマーケティングに積極的に取り組んでいる例がある．1992年のJリーグ創設時からの加盟チーム（オリジナル10）の1つであり，J2への降格経験がない数少ないチーム，鹿島アントラーズである．SNSやデータを駆使したデジタルマーケティングを始め，人口が6.7万人の鹿嶋市に，1試合あたり平均で約2万人の観客を集めている．同クラブチームでは，顧客を「興味層（ポテンシャルファン）」「ファン」「サポーター」のセグメントに分けたうえで，SNSのフォロワー数などからファンやサポーターの概算人数を推定している．そのほかにもオンライン調査を用いたファンやサポーターの属性分析を行っている．その結果，ファンやサポーターは男女比率64対36，平均年齢38.5歳であること，住居県は茨城県が40％を占めるが県外にも60％以上いること，スタジアムまでの交通手段は圧倒的に自家用車が多いことなどを把握した[16]．これらのデータをから，ファンやサポーターの特徴的な傾向として，スポンサーに好意的な富裕層であること，自家用車での来場率が高く，購買力が高いことなどを推定し，より一層ターゲットを絞ったマーケティング活動を行っている．

　これは，デジタルマーケティングの活用によるSTP分析の実践例であるといえる．STPとはSegmentation，Targeting，Positioningと頭文字をとったも

第 10 章　スポーツ市場の広がりとその可能性　　123

のである．Segmentation（セグメンテーション）は，似たようなニーズを持つ顧客層に分けて考えることを意味し，市場細分化と訳される．市場の細分化とは，顧客を様々な属性によって分割し，似た属性を持つセグメント（グループ）ごとにまとめることである（例：自家用車を持つ世帯，子づれ世帯，20歳から30歳代の独身男性など）．市場の細分化を的確に行うことで，自社の商品・サービスが対象とする顧客はどんなグループなのか，自社はどんな顧客グループに訴求したいのかを決定することができる．Targeting（ターゲッティング）とは，市場のなかから標的を選定する作業である．セグメンテーションとセットで使用される．Positioning（ポジショニング）は，セグメント内の競合の状況や，自社の製品・サービスが消費者からどのように認識されているかを判断して，ポジション（立ち位置）を決定することである．そして，いかに自社独自のポジションを築くか（差別化を図るか）が重要となる．このように，マーケティングを実践するうえでは，消費者や顧客の年齢層やニーズにマッチさせることが重要である．

3. スポーツを通じた健康づくり

健康経営の広がり

Rosen and Berger［1992］の著書*The Healthy Company*のなかで「健康な従業員が収益性の高い企業をつくる」という考えが提唱されて以来，従業員の健康管理を経営的な視点でとらえることで，生産性向上などを望む経営手法である健康経営［岡田・高橋 2015］が注目されて久しい．国内における健康経営の取り組みとしても，「健康日本21（第2次）」が提唱され，健康寿命の延伸と健康格差の縮小等という目標がかかげられた．そこでは，健康を支え，守るための社会環境の整備の具体的目標例として，「健康づくりに関する活動に取り組み，自発的に情報発信を行う企業登録数の増加」が設定され，2012年度の420社から2022年には3000社を目指している[17]．これによって，職場におけるヘルスプロモーションの推進が，国家の指針として位置づけられるようになった．

　健康経営が人口に膾炙するようになってからわずか30年で，国と多くの企業が健康経営に取り組み始めた背景には，おもに2つのポイントがある．1点目は，

従業員の健康状態が悪いと，身体的・メンタル的な不調などの健康問題を引き起こすだけではなく，従業員の遅刻や欠勤による生産性の低下（アブセンティズム：Absenteeism），職場で働いてはいるものの健康状態が悪いために職務遂行力が低下している状態（プレゼンティズム：Presenteeism）［宗・渡部 2014］などに起因する生産性低下，周辺の従業員への業務負荷の増加，業務負荷やストレスによる事故などの経営リスクを社内に抱え込むことにつながり[18]，企業全体に影響を及ぼすことが懸念されている点である．２点は，従業員が健康であること，運動・スポーツの実施習慣があることが，企業に様々なメリットをもたらすことが明らかになっている点である．スポーツ庁によれば，運動習慣づくりが健康増進，ストレス解消，コミュニケーションの活性化を生み出し，成員の働く意欲や生産性の向上等が見込まれるとして，その取り組みに力を入れている．また，実証的な研究も活発に行われている．首都圏の大学病院に勤務する常勤看護師を対象にした研究では，運動・スポーツ実施と職務満足との間に有意な関連が認められたことが報告された．［Iwaasa et al. 2018］．

　健康経営を推進する流れは一層活発になっている．2017年度からは経済産業省によって，健康経営優良法人認定制度が開始された．とくに優良な健康経営を実践している大企業や中小企業等の法人を顕彰する制度である[19]．健康経営に係る各種顕彰制度を推進することで，優良な健康経営に取り組む法人を「見える化」し，従業員や求職者などから「従業員の健康管理を経営的な視点で考え，戦略的に取り組んでいる企業」として社会的に評価を受けることができる環境を整備している．健康経営の審査項目のなかには従業員の運動・スポーツの実施状況が含まれている．

　さらに，スポーツ庁では，運動不足である「働き盛り世代」の運動・スポーツの実施を促進し，スポーツに対する社会的機運の醸成を図ることを目的として，朝や昼休みなどに体操・ストレッチをするなどの運動機会の提供や，階段の利用や徒歩・自転車通勤の奨励，あるいはスタンディングミーティングの実施など，スポーツ競技に限らず，従業員の健康増進のためスポーツの実施に向けた積極的な取り組みを行っている企業を「スポーツエールカンパニー（Sports Yell Company）」として認定する制度を実施している[20]．

従業員の運動・スポーツの促進に向けて，様々な企業が独自に活発な取り組みを行っている．愛知県のイーバリューでは，フルマラソンを完走すると1日の休暇「マラソン特別休暇」を取得できる制度を設けている[21]．サントリーグループでは，日々のウォーキングやラジオ体操などの健康増進への取り組みや年休取得・健診受診等に対し，ポイントを付与し，貯まったポイントを賞品に交換できるしくみを設けている[22]．また，急速に関心が高まっている「働き方改革」を実践するために健康経営に取り組む企業もある．SCSKでは，仕事の質を高める働き方改革を目指した働きやすく，やりがいのある会社づくりを目指し，「社員が心身の健康を保ち，仕事にやりがいを持ち，最高のパフォーマンスを発揮してこそ，お客様の喜びと感動に繋がる最高のサービスが提供できる」という信念のもと，就業規則に健康経営の章を設け，月間平均残業時間20時間，年次有給休暇取得日数20日，ウォーキング8000歩以上，歯磨き，休肝日週2日など，様々な目標を実現してきたという［岩浅 2018：54-55］．

　健康経営に取り組む企業に対してビジネスを展開する企業も現れた．企業向け社内運動会の企画・運営サービスを展開する企業である運動会屋では，2010年の設立以来，年間数百社向けに，親子運動会や社員旅行と組み合わせた運動会など，様々な形態の運動会をプロデュースしている[23]．そのほか，パソナはNTTドコモやタニタなどと共同で健康経営の支援サービスを始めた．契約する企業に従業員の健康診断結果やIoTを通じて把握した健康状態と，働き方などのデータを組み合わせた分析結果を提供し，従業員一人ひとりの状態に沿った運動・睡眠・食習慣の生活習慣改善プログラムを提供している[24]．このように，個人に対してだけではなく，企業など法人に対して，運動やスポーツに関連するビジネスを展開する，B to B（企業対企業：Business to Business）ビジネスもまた拡大されつつある．

健康社会の実現に向けて

①新しいビジネスと新しい学問

　人口減少と高齢化は，今後の日本における消費需要の縮小要因となり，スポーツ市場のみならず国内のおける多くの市場の成長を阻害する懸念がある．1984

年ロサンゼルスオリンピックで花開いたスポーツの商業化，現在のプロスポーツの興隆に影を落とす可能性もある．まさにスポーツ市場は大きな転換期にあるといえる．しかしながら，障害者スポーツ，高齢者スポーツ，女性スポーツなど，運動・スポーツに親しむ人々の裾野は広がり，スポーツ産業ではB to Bビジネスが広がった．そして，私たち一人ひとりの健康，企業の発展，ひいては健康な社会の実現に向けて，スポーツの持つ潜在力が認められ，評価されつつある今日，スポーツ産業とヘルスケア産業を融合させたスポーツ・ヘルスケア産業というビジネスが誕生した．また，ICTとスポーツが融合した新しいビジネス領域が拡大しつつある．

　このような時代の流れは，学問領域にも広がった．近年，スポートロジー（Sportlogy）という新しい学問が注目されている．スポートロジーとは，身体活動をキーワードとして，関連する様々な専門分野の深化と統合を目指す新しい学問領域，スポーツ・運動と健康の関わりを科学的にアプローチする学問領域である［河盛 2015：4-9］．メタボリックシンドロームなど生活習慣病の予防に対するスポーツ療法の検討，転倒や骨折や寝たきり予防や軽減に向けた運動プログラムの作成，認知症や精神疾患に対するスポーツ療法の検討など，超高齢化社会を迎えた日本の国家的急務である課題について，医学と運動・スポーツによる解決を目指している．産学官民一体となって，その学問領域のもとでの研究が日夜進んでいる[25]．

　②健康社会におけるマーケティング
　超高齢化時代を迎え，未曾有の健康ブームを享受している背景には，私たちの健康に対する関心の高まりがあるだろう．近年，ヘルスリテラシー（Health Literacy）という概念が注目されている．個人が自らの「健康情報を入手し，理解し，評価し，活用するための知識，意欲，能力」すなわち「健康を決める力」と定義される［福田・江口 2017］．ICT技術の発展により健康情報へのアクセスが格段に向上した今日，より多くの人々が自らの健康や家族の健康に関する知識を学ぶことができるようになった．就労者を対象にした調査によると，ヘルスリテラシーのスコアが高い人々（高群）では，約50％の人々が週１回か

第 10 章 スポーツ市場の広がりとその可能性　　127

ら週2回以上の運動・スポーツを実施していたのに対して，低群では，約30％程度の人々しか週1回から週2回以上の運動・スポーツを実施していなかった［坂本・森田・森田ほか 2013：395］．この結果は，運動・スポーツの実施促進には，非実施者のヘルスリテラシーを高めることが大切であることを示唆している．自らの健康に関心を持ち，正しい健康情報を理解することが大切なのである．2017年度のスポーツ庁の調査によると，運動やスポーツを週1日以上実施していると回答した女性は20歳代から40歳代で43％から32％，男性は20歳代から40歳代で62％から47％であることが明らかになった．男女ともに目標値の65％に遠く及ばない.[26]

　いわゆる働く世代の運動・スポーツ実施率の向上に向けて，多くの企業は健康経営への取り組みを行い，なかにはCHO（Chief Health Officer：最高健康責任者）を設置して，健康関連講座を開催したり，運動をしないことによる健康上のリスクを従業員に啓蒙するなど，懸命な経営努力を行っている．スポーツという言葉の語源は「気晴らし，楽しみ」である．スポーツ産業に従事する，あるいは，従事することを夢みる読者の多くは，スポーツの楽しさや美しさをよく知っているのではなかろうか．少子高齢化によるスポーツ市場の縮小が危ぶまれる今日，「スポーツが持つ価値楽しさや価値を市場に伝えること」，「新しい顧客を創造すること」こそが，マーケティングの目的であり，原点であろう．

注

1）「2020年東京オリンピック・パラリンピックの経済効果 〜ポスト五輪を見据えたレガシーとしてのスポーツ産業の成長に向けて〜」（https://www.mizuho-fg.co.jp/company/activity/onethinktank/pdf/vol008.pdf, 2019年3月8日閲覧）.

2）文部科学省『スポーツ振興基本計画』（2006年9月21日改定）.

3）「平成23年社会生活基本調査」（http://www.stat.go.jp/data/shakai/2011/index.html, 2019年3月8日閲覧）.

4）「「成熟」と「多様性」を力に〜価格競争から価値創造経済へ〜」（https://www.rieti.go.jp/jp/events/bbl/12061501.pdf, 2019年3月8日閲覧）

5）「女性とスポーツの歴史」（https://www.juntendo.ac.jp/athletes/history/birth.html,

2019年 3 月 8 日閲覧).

6)『産経新聞』2012年 7 月28日.

7) 内閣府「障害者の全体的状況」(https://www8.cao.go.jp/shougai/whitepaper/h30hakusho/zenbun/siryo_02.html, 2019年 3 月 8 日閲覧).

8) 厚生労働省「平成30年国の機関等における障害者雇用状況の集計結果」(https://www.mhlw.go.jp/content/11704000/000463379.pdf, 2019年 3 月 8 日閲覧).

9) 日本障がい者スポーツ協会「障がい者スポーツの歴史と現状」(http://www.jsad.or.jp/about/pdf/jsad_ss_2015_web_150410.pdf, 2019年 3 月 8 日閲覧).

10) スポーツ庁「国民のスポーツライフ」(http://www.mext.go.jp/sports/b_menu/sports/mcatetop05/list/1371920.htm, 2019年 3 月 8 日閲覧).

OECD「Time spent in unpaid work and leisure」(http://www.oecd.org/gender/data/balancingpaidworkunpaidworkandleisure.htm, 2019年 3 月 8 日閲覧).

12) 日経BP「ナイキのパーソナライズ革命」(https://trend.nikkeibp.co.jp/atcl/contents/18/00114/00001/?i_cid=nbpnxr_parent, 2019年 3 月 8 日閲覧).

13) KDDI「札幌ドームにおけるプロ野球のARスポーツ観戦の実証実験に成功」(https://news.kddi.com/kddi/corporate/newsrelease/2018/10/03/3403.html, 2019年3月8日閲覧).

14) PST「女子プロゴルファー横峯さくらとコラボ」(http://medical-pst.com/news, 2019年 3 月 8 日閲覧).

15) スポーツ庁「新たなスポーツビジネス等の創出に向けた市場動向（平成30年3月）」(http://www.mext.go.jp/sports/b_menu/houdou/30/05/__icsFiles/afieldfile/2018/05/31/1405699.pdf, 2019年 3 月 8 日閲覧).

16) Insight for D（https://d-marketing.yahoo.co.jp/entry/20161004422706.html, 2019年 3 月 8 日閲覧).

17) 厚生労働省「健康日本21（第 2 次）について」(http://www.phcd.jp/02/soukai/pdf/soukai_2018_tmp03.pdf, 2019年 3 月 8 日閲覧).

18) スポーツ庁「スポーツ参画人口拡大に向けたスポーツ庁の取組」(http://www.kk-kaigi.com/pdf/2017material_suzuki.pdf, 2019年 3 月 8 日閲覧).

19) 経済産業省「健康経営優良法人認定制度」(http://www.meti.go.jp/policy/mono_info_service/healthcare/kenkoukeiei_yuryouhouzin.html, 2019年 3 月 8 日閲覧).

20) スポーツ庁「国民のスポーツライフ」(http://www.mext.go.jp/sports/b_menu/sports/mcatetop05/list/1399048.htm, 2019年3月8日閲覧).

21) 『中部経済新聞』2018年3月22日.

22) サントリーホールディングス「サントリーグループのCSR」(https://www.suntory.co.jp/company/csr/activity/diversity/health, 2019年3月8日閲覧).

23) 運動会屋「会社概要」(http://www.udkya.com, 2019年3月8日閲覧).

24) パソナ「健康経営支援サービス」(https://www.pasona.co.jp/clients/services/healthcare.html, 2019年3月8日閲覧).

25) 順天堂大学「スポートロジーセンター」(https://www.juntendo.ac.jp/graduate/laboratory/labo/sportology, 2019年3月8日閲覧).

26) 『日本経済新聞』2018年10月8日.

参考文献

石井源信・楠本恭久・阿江美恵子 [2012]『現場で活きるスポーツ心理学』杏林書院.

岩浅巧 [2018]「学会だより<産業・組織心理学会33回大会>」『労働科学』94 (2).

小笠原悦子 [2006]「女性とスポーツの世界的な動向」『体力科学』55 (1).

岡田邦夫・高橋千枝子 [2015]『これからの人と企業を創る健康経営——健康経営評価と企業価値創造——』健康経営研究会.

河盛隆造 [2015]「"スポートロジー"とは (特集 スポートロジーの目指すこと)」『保健の科学』57 (1).

コトラー, P. [1996]『マーケティング・マネジメント (第7版)』(村田昭治監修, 小坂恕・疋田聰・三村優美子訳), プレジデント社.

坂井一也 [2010]「精神障害者スポーツの効果と課題——障害者スポーツ大会参加者調査——」『健康科学大学紀要』(6).

坂本侑香・森田理江・森田理江・大石由佳・藤原章子・福田洋 [2013]「ホワイトカラーの企業従業員におけるヘルスリテラシー (第1報):ライフスタイルとの関連」『産業衛生学雑誌』55.

笹川スポーツ財団 [2012]「スポーツライフに関する調査」.

順天堂大学マルチサポート事業 [2013]「女性アスリート戦略的強化支援方策レポート」

順天堂大学.

宗未来・渡部卓［2014］「未病うつ（Non-clinical depression）に対する低強度メンタルヘルス・サービスにおける積極的な民間活力導入の提案：趣味を実益に変えて，医療負担から戦略的事業へ」RIETI Policy Discussion Paper Series 14-P-001，独立行政法人経済産業研究所.

谷口真美［2005］『ダイバシティ・マネジメント　多様性をいかす組織』白桃書房.

電通メディアイノベーションラボ［2018］『情報メディア白書2018』ダイヤモンド社.

陶山哲夫［2006］「障害者スポーツの最近の動向」『理学療法科学』21（1）.

徳野慎一［2016］「音声病態分析学（特集 医工学の進歩の最前線）」『細胞』48（14）.

永野仁美［2014］「障害者雇用政策の動向と課題」『日本労働研究雑誌』646.

日本体育協会［2015］『公認スポーツ指導者養成テキスト　共通科目Ⅱ　第13版』.

深澤浩洋・関根正美・石垣健二［1999］「スポーツにおける人間理解の可能性」『体育・スポーツ哲学研究』21（1）.

福田洋・江口泰正［2017］『ヘルスリテラシー――健康教育の新しいキーワード――』大修館書店.

文部科学省［2006］「スポーツ振興基本計画」（平成18年9月21日改定）.

文部科学省［2011］「スポーツ基本法」（平成23年法律第78号）.

横山隆治・菅原健一・草野隆史［2015］『顧客を知るためのデータマネジメントプラットフォーム DMP入門』インプレスR&D.

Iwaasa T. and Mizuno, M. ［2018］ "Relationship Between Exercise Activity and Job Satisfaction of Nurses," *Juntendo Medical Journal*, 64 （Suppl. 1）, 172-176.

Rosen, R. H. and Berger, L., ［1992］ *The Healthy Company Eight Strategies To Develop People Productivity And Profit. First Edition*, Washington, USA.

お わ り に

　アスリートを活用して隆盛を極めているNIKEであるが，これまでにNIKE
として企業の逆風もあった．本文中にも記述したが，NIKEの創業者であるフィ
ル・ナイトは，スタンフォード大学の修士論文において，低賃金の労働者を使っ
て効率的な生産を行えば，競技用シューズのマーケットでアディダスやプーマ
といったドイツの大企業がいる市場に参入できるという論文を発表した．

　スタンフォード大学を卒業した後，フィル・ナイトは修士論文の内容を行動
に移していく．ナイキのビジネスモデルは，スポーツ用品・衣料品のデザイン・
開発は自社で担当し，製造は低コストのアジアなど発展途上国の工場に委託す
るというものであった．これにより多くの利益をあげて成長してきた．

　しかし，そのグローバリゼーションを活用したビジネスモデルも盤石ではな
かった．実際は，発展途上国の労働者からの「搾取」があって，成立していた
ものだった．1997年，ナイキが委託するインドネシアやベトナムといった東南
アジアの工場で，低賃金労働，劣悪な環境での長時間労働，児童労働，強制労
働が発覚した．この事態に際し，米国のＮＧＯなどがナイキの社会的責任につ
いて痛烈に批判した．NIKEに対する世界的な製品の不買運動が起こり，経済
的に大きな打撃を受けた．

　NIKEは企業の社会的責任として，サプライヤーの労働環境や安全衛生状況
の確保,児童労働を含む人権問題に取り組まなければならないことを,身をもっ
て経験した．これを契機にＣＳＲ（企業の社会的責任）への配慮を進めていった
のである．

　最近のナイキの大失態としては，靴底がはがれたために足を滑らせて転倒し
た事件が挙げられる．ザイオン・ウィリアムソン選手が，2019年2月20日の大
学バスケットボールの試合で，履いていたNIKE製シューズが壊れたため膝を
痛めて負傷退場した．負傷したザイオン・ウィリアムソン選手は全米大学体育
協会（NCAA）1部DUKE大学のエースで，抜群の人気を誇っていた．NIKEと

契約しているレブロン・ジェームズ（NBA Lakers）の再来との呼び声も高いスター選手である．

　米国大学バスケットボールを代表するスター選手が，オバマ前大統領も観戦した有名校との黄金カードでの出来事だったので，会員制交流サイト（ＳＮＳ）などでは，選手が苦痛にもだえる姿や，無残に壊れた靴の映像が瞬く間に広まった．DUKE大学は２月21日に「重傷ではない」と発表したが，事態は収束するどころか拡大していった．ナイキは「製品の質は最も重要．この件は特異な事例ではあるものの，問題の特定を進めている」との声明を出し，信頼回復に躍起となっていたが，ロイター通信によると，この影響でNIKEの株価が急落し，２月21日の時価総額への影響を約14億6000万ドル（約1621億円）と算出している．

　2019年４月25日のロイター通信のよると，欧州連合（ＥＵ）の執行機関である欧州委員会は，ナイキが欧州の著名サッカーチームの商品の海外販売を阻害したとして，ナイキに対して1250万ユーロ（約15億5500万円）の制裁金を科した．

　欧州委員会によると，ナイキの違法行為は2004年から2017年に行われ，ＦＣバルセロナ，マンチェスター・ユナイテッド，ユベントス，インテル・ミラノ，ＡＳローマ，フランスサッカー連盟のライセンス商品が関連しているという．欧州委員会の競争政策担当のベステア委員は，ナイキの違法行為により，他国のサッカーファンがマグカップやバッグ，ベッドシーツ，文具，おもちゃなどのＦＣ商品を購入する機会が奪われたと言及している．「ナイキは多くのライセンシーによるこれらのブランド商品の他国での販売を妨げ，消費者の選択肢を減らし，価格を上昇させた」と述べた．

　企業というのは栄枯盛衰を繰り返し，進んでいくものだと改めて思う．スポーツ企業の事例を見ているだけもよく理解できる今日この頃である．スポーツマーケティングの成長は継続していくことだろう．

　2019年８月
　ラグビーワールドカップ2019の開催国である日本代表の活躍を大いに期待して

相 原 正 道

《執筆者紹介》

相原正道（あいはら　まさみち）［はじめに，第1章，おわりに］

1971年生まれ．筑波大学大学院体育科学研究科スポーツ健康システム・マネジメント専攻修了．
現在，大阪経済大学学長補佐，スポーツ・文化センター長，人間科学部教授．

主要業績

『ロハス・マーケティングのスヽメ』木楽舎，2006年．『携帯から金をつくる』ダイヤモンド社，
2007年．『現代スポーツのエッセンス』晃洋書房，2016年．『多角化視点で学ぶオリンピック・パ
ラリンピック』晃洋書房，2017年．SPORTS PERSPECTIVE SERIES 1〜5，（共著），晃洋書房，
2018-2019年．

工藤康宏（くどう　やすひろ）［第2章，第3章］

1968年生まれ．順天堂大学大学院スポーツ健康科学研究科博士後期課程修了．現在，順天堂大学ス
ポーツ健康科学部先任准教授．

主要業績

『スポーツツーリズム・ハンドブック』（共著），学芸出版社，2015年．『よくわかるスポーツマーケティ
ング』（共著），ミネルヴァ書房，2017年．『生涯スポーツ実践論　改訂4版』（共著），市村出版，2018年．

大野宏之（おおの　ひろゆき）［第4章，第5章，第6章］

1964年生まれ．千葉大学工学部卒業．現在，四国大学経営情報学部，同大学院経営情報研究科准教授，
同大学経営情報研究所研究員．

主要業績

『スポーツ産業白書2017』（共編著），矢野経済研究所，2017年．「プラットフォームビジネスの競争政策」
『四国大学経営情報研究所年報』第21号，2019年．

前田和範（まえだ　かずのり）［第7章，第8章，第9章］

1985年生まれ．大阪体育大学大学院スポーツ科学研究科修了，修士（スポーツ科学）．現在，高知工
科大学経済・マネジメント学群助教．

主要業績

「新規参入プロスポーツチームの観戦者特性——Push-Pull要因の視点から——」（共著），『生涯スポー
ツ学研究』9, 2013年．「地域スポーツリーグ観戦者の特性把握——高知ファイティングドッグスを事

例に——」（共著），『スポーツと人間：静岡産業大学論集』2，2017年．『スポーツツーリズム概論』（共著），学術研究出版／ブックウェイ，2018年．

岩 浅　　巧（いわあさ　たくみ）[第10章]

順天堂大学大学院スポーツ健康科学研究科博士後期課程修了，博士（スポーツ健康科学）．

現在，順天堂大学スポーツ健康科学部非常勤助教，東洋学園大学人間科学部非常勤講師，公益財団法人大原記念労働科学研究所コラボレートリサーチャー兼 特別研究員．

主要業績

Advances in Human Factors, Business Management, Training and Education（共著），Springer，2017．『働態研究に役立つツール集』（共著），人類働態学会編，2018年．"Relationship Between Exercise Activity and Job Satisfaction of Nurses（共著）,"*Juntendo Medical Journal*, 64（Suppl. 1），2018．

SPORTS PERSPECTIVE SERIES 6
スポーツマーケティング入門

2019年10月10日　初版第1刷発行	＊定価はカバーに 　表示してあります

	相　原　正　道
	工　藤　康　宏
著　　者	大　野　宏　之 ©
	前　田　和　範
	岩　浅　　　巧
発行者	植　田　　　実
印刷者	出　口　隆　弘

発行所　株式会社　晃　洋　書　房
〒615-0026　京都市右京区西院北矢掛町7番地
電　話　075(312) 0788番代
振替口座　01040-6-32280

装丁　野田和浩　　　　　印刷・製本　㈱エクシート

ISBN978-4-7710-3250-7

JCOPY 〈(社)出版者著作権管理機構委託出版物〉

本書の無断複写は著作権法上での例外を除き禁じられています.
複写される場合は,そのつど事前に,(社)出版者著作権管理機構
(電話 03-5244-5088, FAX 03-5244-5089, e-mail: info@jcopy.or.jp)
の許諾を得てください.

相原正道・植田真司・髙橋正紀・黒澤寛己・大西祐司 著
スポーツマンシップ論
A 5 判 174頁
2,200円（税別）

相原正道・谷塚哲 著
スポーツ文化論
A 5 判 154頁
1,800円（税別）

相原正道・庄子博人・櫻井康夫 著
スポーツ産業論
A 5 判 120頁
1,600円（税別）

相原正道・上田滋夢・武田丈太郎 著
スポーツガバナンスとマネジメント
A 5 判 138頁
1,700円（税別）

相原正道・林恒宏・半田裕・祐末ひとみ 著
スポーツマーケティング論
A 5 判 128頁
1,500円（税別）

相原正道 著
多角化視点で学ぶオリンピック・パラリンピック
A 5 判 216頁
2,500円（税別）

相原正道 著
現代スポーツのエッセンス
四六判 220頁
2,500円（税別）

川上祐司 著
アメリカのスポーツ現場に学ぶマーケティング戦略
──ファン・チーム・行政が生み出すスポーツ文化とビジネス──
A 5 判 246頁
2,500円（税別）

谷釜尋徳 編著
オリンピック・パラリンピックを哲学する
──オリンピアン育成の実際から社会的課題まで──
A 5 判 246頁
2,500円（税別）

一般社団法人アリーナスポーツ協議会 監修／大学スポーツコンソーシアムKANSAI 編
ASC叢書1　大学スポーツの新展開
──日本版NCAA創設と関西からの挑戦──
A 5 判 214頁
2,400円（税別）

川上祐司 著
メジャーリーグの現場に学ぶビジネス戦略
──マーケティング，スポンサーシップ，ツーリズムへの展開──
四六判 184頁
1,900円（税別）

関 めぐみ 著
〈女子マネ〉のエスノグラフィー
──大学運動部における男同士の絆と性差別──
A 5 判 236頁
4,600円（税別）

晃 洋 書 房